Gewidmet unseren Töchtern

Tatjana Rebecca
und
Karla Maria Silke

Andreas Fincke, geb. 1959, Dr. theol., ist seit 1992 wissenschaftlicher Referent bei der Evangelischen Zentralstelle für Weltanschauungsfragen (EZW) in Berlin. Arbeitsschwerpunkte: christliche Sondergemeinschaften und sog. Sekten.

Matthias Pöhlmann, geb. 1963, Dr. theol., ist seit 1999 wissenschaftlicher Referent bei der Evangelischen Zentralstelle für Weltanschauungsfragen (EZW) in Berlin. Arbeitsschwerpunkte: Esoterik, Okkultismus, Spiritismus.

Andreas Fincke
Matthias Pöhlmann

KOMPASS
SEKTEN UND RELIGIÖSE WELTANSCHAUUNGEN

Ein Lexikon

Gütersloher Verlagshaus

Originalausgabe

Bibliografische Information Der Deutschen Bibliothek
Die Deutsche Bibliothek verzeichnet diese Publikation in der Deutschen Nationalbibliografie; detaillierte bibliografische Daten sind im Internet über http:\\dnb.ddb.de abrufbar.

ISBN 3-579-06409-6

Satz: Katja Rediske, Landesbergen
Druck und Bindung: GGP Media GmbH, Pößneck
Printed in Germany

www.gtvh.de

Aus der Praxis – für die Praxis

»Haben Sie vielleicht Informationen über Sekten, Esoterik und Okkultismus? Und zwar solche, die möglichst kurz und griffig sind? Die man auch anderen zum Lesen geben kann?« So lauten die typischen Informationsanfragen, die uns als Mitarbeiter der Evangelischen Zentralstelle für Weltanschauungsfragen (EZW) in Berlin per e-Mail, Telefon oder Fax täglich erreichen. Aber nicht nur dort. Auch im Rahmen unserer deutschlandweiten Vortragstätigkeit in Gemeinden, Akademien oder bei Fortbildungsveranstaltungen werden wir nach Kurzinformationen zu einzelnen »Sekten« und verschiedenen religiösen Bewegungen, zu Esoterik und Okkultismus gefragt.

Um diesem Bedürfnis nachzukommen, haben wir dieses Buch geschrieben. Uns ist bewusst, dass die Kürze der Artikel ihren Reiz, aber auch ihre Grenzen hat. Das Ziel, möglichst viele Begriffe und Stichwörter unterzubringen, nötigt zur Prägnanz in der Einzeldarstellung und erfordert die Kunst des »Weglassens«. Wir mussten eine Auswahl treffen. Eine solche Begrenzung betrachten wir aber auch als Chance. Wir haben uns für eine Konzentration auf unsere Spezialgebiete »Sekten« und »Esoterik« entschieden. Das sind die Felder, die wir als wissenschaftliche Referenten der EZW seit mehreren Jahren bearbeiten. Die EZW ist eine Einrichtung der Evangelischen Kirche in Deutschland. Unsere Tätigkeit umfasst das Erforschen einzelner Gruppen und Strömungen, die Informationsarbeit durch eigene Veröffentlichungen in Büchern und Zeitschriften, durch Vorträge in Gemeinden, Akademien und im universitären Bereich sowie durch Interviews und Stellungnahmen in den Medien. Eine nicht

unwesentliche Rolle in unserer täglichen Arbeit spielt die Beratung am Telefon. Informations- und Ratsuchende wenden sich an uns und bitten um Orientierung und Bewertung einzelner Phänomene, Gruppen und Angebote.
Dialog und Unterscheidung aus christlicher Sicht – diesem Ansatz fühlen wir uns als evangelische Theologen verpflichtet. Das ist unsere Perspektive, von der aus wir bestimmte Gruppen, Bewegungen und Angebote einordnen. Uns ist daran gelegen, zuverlässig darzustellen und fair zu beurteilen. Im Vordergrund steht Sachkritik, nicht die Verurteilung oder Verunglimpfung von Menschen anderer Glaubensüberzeugungen.
Wir betrachten dieses Lexikon als Erstinformation und schnelle Orientierungshilfe. Es versteht sich als Nachschlagewerk für LehrerInnen, TheologInnen, JournalistInnen und an Weltanschauungsfragen Interessierte.
Wer ausführlichere oder vertiefende Informationen sucht, sei auf die weiterführende Literatur und die entsprechenden Internetadressen im Anhang verwiesen.
Sollten Sie an einer Beratung interessiert sein, so finden Sie dort ebenfalls kirchliche Anlaufstellen, die Ihnen Weltanschauungsexperten in Ihrer Nähe nennen können.

Berlin, im Juli 2004

Andreas Fincke
Matthias Pöhlmann

A

Aandersan, Alexander, Komponist, Musiker sowie angeblicher Heiler und Anbieter im Bereich esoterischer Lebenshilfe, der in Esoterik-Zeitschriften als »Botschafter für eine Welt von Morgen«, als Mann mit den »schier unbegrenzten Möglichkeiten« gepriesen wird. Zuverlässige Angaben über die Biografie *Aandersans* gibt es so gut wie nicht. Er selbst hat keine Schriften verfasst. In älteren Berichten finden sich oft nur knappe und vage Angaben. Demnach dürfte *Aandersan* zwischen 1933 und 1938 geboren sein. Er war als Bankdirektor und Inhaber eines größeren Unternehmens tätig. Wie es weiter heißt, hat er Philosophie, Musikwissenschaft, Literatur und Rechtswissenschaft studiert. Infolge persönlicher Erlebnisse gab er sein bisheriges Berufsleben auf und zog sich 1983 in ein abgelegenes Bauernhaus in der Umgebung von Berchtesgaden zurück. Dort, in der Einsamkeit, soll er in seinen Händen eine »erstaunliche Kraft« verspürt haben: »Er merkt, dass sie Heilungen bewirkt. Oft sieht er die Körper der Menschen vor sich wie auf einem Röntgenbild; er bemerkt leuchtende Punkte, wo Krankheitsherde sind ... Er merkt, dass seine Fragen von übermenschlichen Kräften beantwortet werden.« Er begann öffentlich aufzutreten und die Energie auf Gruppen auszustrahlen. Dabei stellten sich nicht nur Heilungen ein: »Erschüttert erleben Anwesende, dass auch Verstorbene sichtbar werden. Diese stehen körperlich vor ihnen und geben wichtige praktische Hinweise.« Ebenso berichten Anhänger von Kontakten mit Schutzengeln und Geistführern, sogar zu Christuserscheinungen soll es gekommen sein. In den 1990er-Jahren zog sich

Aandersan zurück. Im Hintergrund standen offensichtlich interne Spannungen mit Anhängern, denen er die Heilenergie »versuchsweise« übertragen hatte. Diese hätten jedoch »ausnahmslos« dieses Geschenk aus »Eigennutz« oder »Geltungsdrang« missbraucht. Seit etwa 1994 tritt *Aandersan* im deutschen Sprachraum bei Seminaren und Vortragsveranstaltungen auf. Dabei sollen, wie staunende Anhänger berichten, »weiße Lichtsäulen und Engelenergien« die Person *Aandersans* umgeben. In seinen Seminaren spielt die Übertragung der Heilenergie, die als Christuskraft bezeichnet wird und in ihrer Wirkung weit über → *Reiki* hinausgehen soll, eine wichtige Rolle. An seiner heilvollen Sendung lassen Anhänger keinerlei Zweifel. Im Bericht einer Anhängerin heißt es: »Europa, aber auch Deutschland steht im Mittelpunkt seines Wirkens. Bewusst soll hier ein Gegenpol zu den Geschehnissen im Dritten Reich geschaffen werden. ›Die Bitten von damals sind aufgenommen worden.‹« In 57537 Forst-Seifen befindet sich ein kleiner Verein, der Alexander Aandersan Activitas. Dort im Oberbergischen gibt es auch die »wundertätige Sigrid-Quelle«, die *Aandersan* als sichtbares Zeichen von der »Schöpferkraft« erbeten hat. Ihr werden heilvolle Qualitäten bei Hauterkrankungen, Haarausfall und Hautwunden zugeschrieben. Auch ein kleiner interner Förderkreis gibt sich zu erkennen. So heißt es: »Die Fördermitglieder des Vereins erhalten Möglichkeiten, mit dem Urheber des segensreichen Quellwassers in engeren Kontakt zu kommen und können an Vorträgen und nur den Mitgliedern vorbehaltenen Schulungs-Veranstaltungen teilnehmen, die *Alexander Aandersan* für einen exklusiven und zahlenmäßig begrenzten Teilnehmerkreis gelegentlich durchführt, um einige Menschen besser auf die

Herausforderungen der vor uns liegenden Zeit vorzubereiten.« In den vielen Berichten von Anhängern ist ein ausgesprochener Personenkult um *Aandersan* festzustellen, der – wie es ausdrücklich heißt – dies nicht wünscht, sich aber auch nicht dagegen wehrt. Frenetisch-euphorische Berichte von Anhängern im Internet über angebliche Heilungserfolge und nicht zuletzt die maßlose Überhöhung der Person *Aandersans* und seiner Heilsbotschaft hinterlassen beim kritischen Beobachter einen eher schillernden, fragwürdigen Eindruck.
→ *Esoterik-Szene*

Abd-ru-shin, eigentl. *Oskar Ernst Bernhardt* (1875-1941), geboren in Sachsen, Gründer der → *Gralsbewegung*. Das Hauptwerk *Im Lichte der Wahrheit* ist eine Sammlung von Vorträgen, die *Abd-ru-shin* (= Sohn oder Knecht der Wahrheit bzw. des Lichts) in den Jahren 1923 bis 1938 gehalten hat. *Abd-ru-shin* sah sich selbst als den von Christus verheißenen Menschensohn, als den in der Heiligen Schrift verheißenen »Tröster« (z. B. Joh 14,26). Die Sammlung seiner Texte erhebt den Anspruch, alle wesentlichen Menschheitsfragen »klar und umfassend« beantworten zu können. Nach der Besetzung Österreichs durch Deutschland im März 1938 wurde *Abd-ru-shin* verhaftet und nach sechsmonatiger Haft in einen kleinen Ort ins Erzgebirge verbannt. Hier starb er 1941.

Abenteuer Philosophie, Zeitschrift der → *Neuen Akropolis*

Aberglaube, Sammelbegriff für unterschiedliche magische Praktiken, Vorstellungen zur Zukunftsdeutung und Kraftzuschreibungen für Gegenstände, um Glück herbeizuzwingen oder Böses abzuwehren. In der Bildung des Wortes »Aberglaube« ist bereits eine negativ wertende Bedeutung angelegt. Im gegenwärtigen Sprachgebrauch wird Aberglaube – nicht zuletzt durch die Vorsilbe »Aber-» – als Bezeichnung für einen verkehrten Glauben oder Missglauben verwendet. Im Kontext heutiger neuer Religiosität erleben herkömmlich dem Aberglauben zugerechnete Vorstellungen und Praktiken im Kontext von → *Esoterik* und → *Okkultismus* eine neue Konjunktur. Magische Praktiken werden von den Nutzern oft als Mittel zur Lebenshilfe, Krisenbewältigung und Wunschverwirklichung genutzt. Neben dem Charakteristikum der Irrationalität ist besonders die »unmittelbare Verzweckung des Denkens und Tuns« bedeutsam: Unter modernem Aberglauben kann somit ein Denken und Handeln verstanden werden, »das geheimnisvolle Mittel einsetzen will, um praktische Ergebnisse zu erhalten, obwohl man wissen müsste, dass diese Mittel nicht wirklich geeignet sind, sondern auf Selbsttäuschung, Wunschdenken und Illusionen beruhen« *(Hemminger)*.

Eine besondere Rolle spielen in abergläubischen Einstellungen und Verhaltensweisen magische Elemente. Es gibt beispielsweise weltanschaulich nicht näher begründete Handlungen und Verhaltensweisen oder besondere Kraft- bzw. Machtzuschreibungen gegenüber bestimmten Gegenständen (Amuletten, Bildern, Abwehrzeichen). Darüber hinaus tauchen abergläubische Vorstellungen und rituelle Handlungen im Umfeld wichtiger alltagsrelevanter Ereignisse und Anlässe im menschlichen Leben (Geburtstag, Jahreswechsel, Geburt eines Kindes, Hochzeit, Tod/Sterben) auf. Allgemein kann man den Schutz- oder Abwehrzauber von einem Aneignungszauber unterscheiden: Im

Schutz- und Abwehrzauber dienen verschiedene Hilfsmittel dazu, das Böse vom Menschen fern zu halten. Ein Amulett kann dabei eine Unheil abwehrende Funktion übernehmen. Der Talisman hingegen soll – im Kontext des Aneignungszaubers – auf magische Weise überwiegend Glück »herbeiziehen«.

Heutzutage begegnen dem Menschen Angebote nicht nur über Werbeanzeigen einschlägiger Anbieter in Zeitschriften, sondern neuerdings auch über das Internet, wodurch der Zugang zu den Offerten erleichtert wird: Vom »erfolgreichen Liebes- und Geldzauber« über helfende »weißmagische Partnerzusammenführungen« bis hin zu schädigenden »schwarz-magischen Ritualen«. Letztere umfassen: Anleitung zum Voodoozauber, Fluch, Todeszauber, Liebeszauber (mit Spiegel bzw. mit Wachspuppe), Anleitung zur Geister- und Dämonenbeschwörung, Teufelspakt, satanische Rituale, Schadenzauber, Rachezauber, Spiegelmagie, Bannzauber. Gerade in der → *Esoterik-Szene* werden vielfältige Macht- oder Kraftträger angeboten. So vertreibt ein Spezialversand im Internet rund 800 verschiedene Amulette und Talismane: vom Feen- und Elfenanhänger über das → *Atlantis*-Amulett und magische Pentagramme bis hin zum »Taschen-Schutzengel«. Vor allem auf Esoterikmessen lassen sich ähnliche Angebote finden. So wird z.B. eine »Magische Schutzglyphe« aus Sterlingsilber offeriert: »Dieses Amulett dient dazu, seinem Träger absoluten magischen Schutz zu gewähren, ihn vor magischen Angriffen, Flüchen, Beeinflussungen, Rachezaubern, astralen Angriffen u.a. zu schützen. Magisch aufgeladen ist es wohl eines der stärksten bekannten Schutzamulette.« Vielfach geht es weniger um religiöse oder spirituelle Motive, sich mit magischen Macht-

oder Kraftträgern auszustatten, als vielmehr darum, materiellen Gewinn oder persönlichen Erfolg »herbeizuzwingen«. So wird in Zeitungsannoncen für einen »sehr berühmten Talisman« geworben, der per Coupon bei einer Postfachadresse angefordert werden kann: »Schon beim bloßen Berühren spüren Sie in Ihren Händen seine Ausstrahlung und seine magnetische Kraft«. Angebliche Wahrsager oder »sehr bekannte Hellseher« verheißen Menschen mit dem Angebot Aussicht auf »Wohlstand, Glück und außerordentliche Macht im Leben«. Anschließend werden die Kunden mit zum Teil sehr bedrängenden Briefen überhäuft.

Die Form des Abwehrzaubers findet sich auch im mittlerweile gängigen dreimaligen Ausspruch »Toi, toi, toi«. Er soll davor schützen, dass ein Glück zerstört wird, weil man darüber gesprochen, weil man es »berufen« hat. Nach Informationen gängiger Lexika zum Aberglauben ruft »Bereden« oder »Beschreien« einer weit verbreiteten Auffassung zufolge das Gegenteil hervor, weil man – so ein alter Glaube – durch das Bereden den Neid böser Dämonen oder Götter heraufbeschwört. »Toi, toi, toi« soll vermutlich den Laut des Spuckens nachahmen, wobei die Magie des Speichels bereits im antiken Volksglauben als wirksames Heilmittel gegen Berufen oder Beschreien betrachtet wurde. Mit dem Spucken soll eine Sache der Macht des Zaubers entzogen werden.

Neben abergläubischen rituellen Handlungen sind auch sog. Zauberbücher dem Bereich des Aberglaubens zuzuordnen. Einen relativ hohen Bekanntheits- und Verbreitungsgrad genießt dabei *Das Sechste und Siebente Buch Mose.* 1797 wurde es in einer Verkaufsanzeige erstmals erwähnt. Bei diesem Buch handelt es sich dabei je nach

Auflage um immer wieder veränderte Zusammenstellungen von Wundermitteln, Zauberformeln, Beschwörungen, Heilssprüchen und Schicksalsdeutungen. Der Untertitel des Buches, das heute im Kleinanzeigenteil von Zeitschriften beworben und von Okkultverlagen vertrieben wird, lautet: »Das ist Moses magische Geisterkunst, das Geheimnis aller Geheimnisse. Wortgetreu nach einer alten Handschrift«. *Das Sechste Buch Mose* bietet in einer der zahlreichen Ausgaben in den elf Kapiteln u. a. folgende Anleitungen: Anfertigung des Zauberstabes, Der kabbalistische Kreis, Die Erscheinung Lucifers, In welchen Zeiten die Geister gerufen werden sollen, Gespräche mit Toten zu führen, Herstellung einer Wünschelrute. *Das Siebente Buch Mose* versteht sich als »der magisch-sympathetische Hausschatz in bewährten Mitteln zur Erreichung von vielerlei Zwecken« und befasst sich in sechs Kapiteln u. a. mit Schutz von Leib und Leben, erprobten Mitteln gegen mancherlei Gebrechen, Hinweisen »um Kinder zu schützen und von Krankheiten zu heilen« sowie Zaubersprüchen »gegen allerlei Böses in Haus und Hof« sowie einem »Diebes-Bann«. In den Ausgaben finden sich auch zahlreiche Abbildungen, so »Das Wappen Lucifers«, das als Amulett am Körper getragen, Glück bringen und Böses fern halten soll sowie eine Zaubertafel, die angeblich gegen Feuer und Diebstahl schützen soll. Mit dem biblischen Mose hat diese Form okkultistisch-magischer Kolportageliteratur nichts zu tun. Allerdings gibt es einen außerbiblischen Überlieferungsstrang, der der Gestalt des Mose bedeutende magische Fähigkeiten beimaß. Da er nach 2. Mose 2 in Ägypten geboren und aufgewachsen war, brachte man ihn mit der okkulten Tradition dieses Landes in Verbindung. Eine pseudokabbalistische Ergänzung bzw. Fortsetzung dieses Genres ist ein *Achtes und neuntes Buch Mose – Das Buch Jezira*, das angeblich »aus den ältesten kabbalistischen Urkunden besteht« und in Werbeanzeigen als »Hauptwerk über Magie, verborgene Kräfte und geheime Wissenschaften« gepriesen wird. *Das Zehnte, Elfte und Zwölfte Buch Mose* soll sogar »ein seit 400 Jahren totgeschwiegenes und verborgenes Geheimnis aus alten Urkunden anno 1524 Doctoris Johannis Fausti zu Wittenberg« enthalten.

Auch Kettenbriefe, per Post oder neuerdings per E-Mail verbreitet, lassen sich dem Bereich des Aberglaubens zuordnen. Sie präsentieren sich zumeist als Glücksbringer – zumindest für den, der sich die Mühe macht, das Schreiben an viele weitere Personen weiterzuleiten. Bei Nichtbeachtung wird mit Unglück gedroht. Damit steht die Verbreitung und Rezeption der Kettenbriefe im Zeichen der Angst vor magischen Automatismen, die heutzutage keineswegs beseitigt, sondern nur verdrängt sind.

Abergläubische bzw. negative Konnotationen lassen sich nach wie vor im Blick auf Freitag, den 13., feststellen. Gerade die – für manch ein Unglück verheißende – Kombination aus einer Zahl und einem bestimmten Wochentag ist ein neues Phänomen. Neueren Forschungen zufolge hat die Zuspitzung auf Freitag, den 13., drei mögliche Ursachen: »zum einen aus einem historisch gewachsenen kulturspezifischen Umgang mit Zahlen und zum anderen aus einem ebensolchen Umgang mit Wochentagen.« Beide Stränge verliefen bis zur Mitte des 20. Jahrhunderts parallel, ohne sich zu tangieren. Jetzt kam die dritte Quelle ins Spiel. Die Stränge wurden im Zuge der besonderen Westorientierung der bundesdeutschen Kultur in den 1950er-Jahren zusammengeführt. Wesentliche Anstöße kamen dazu aus dem Ausland« *(Hirschfelder)*, besonders aus den USA. Hier wird ein eigener Traditionsstrang vermutet, der in das Jahr 1869 zurückreicht, als der amerikanische Goldmarkt extreme Kursschwankungen erlebte. Und wieder war es ein Freitag, der 13., als 1927 ein Kursrutsch an der Börse einsetzte. Demzufolge handelt es sich in diesem Fall keineswegs um einen uralten Aberglauben, sondern vielmehr um eine moderne kulturelle Stilisierung, die jedoch im allgemeinen Bewusstsein, nicht zuletzt in den Medien, mit einem gewissen Augenzwinkern bedacht wird. Dies dürfte nicht zuletzt damit zusammenhängen, dass nach aktuellen Umfrageergebnissen offenkundig in Deutschland weniger Unglücksboten, als vielmehr herkömmliche Glücksbringer wie das vierblättrige Kleeblatt, Sternschnuppen oder der Schornsteinfeger gefragt sind.

Abschaffung der Jagd, eine Initiative, die zwar nicht unmittelbar zum → *Universellen Leben* gehört, auf deren Veranstaltungen jedoch umfangreiches Material des Universellen Leben angeboten wird.

Adsum – Ich bin bereit, → *Fiat Lux*

Adventisten, → *Gemeinschaft der Siebenten-Tags-Adventisten*

AHA, vormals *Abrahadabra*, seit 1987 zweimonatlich im Tiphareth Verlag (29468 Bergen/Dumme) erscheinendes *Magazin des Neuen Äons.* Eigenen Angaben zufolge ist die AHA »seit 16 Jahren das deutschsprachige Magie-Magazin«. Verantwortlicher Redakteur ist derzeit *Knut Gierdahl.* Die Zeitschrift kann zum Umfeld der okkultsatanistischen → *Thelema Society* gerechnet werden, über die im Jahr 2001 ein AHA-Sonderheft mit dem Titel *Thelema: Der Kult des Sterns und der Schlange* erschienen ist.

Akademie Antogast, → *Sri Sri Ravi Shankar*

Alter Mystischer Orden vom Rosenkreuz, → *AMORC*

Ambassador-College, → *Klar und Wahr*

AMORC, Abkürzung für Antiquus Mysticus Ordo Rosae Crucis (= Alter Mystischer Orden vom Rosenkreuz), eine der weltweit größten aktiven → *Rosenkreuzer*organisationen. Die Gründung dieser esoterischen Richtung geht zurück auf den US-Amerikaner *Harvey Spencer Lewis* (1883-1939), der die ersten Studiengruppen des Ordens sammelte. 1915 erschien die erste offizielle Publikation mit dem Gründungsmanifest. Doch schon ab 1909 wurde die Gründung intern vorbereitet. Seit den 1950er-Jahren ist dieser Orden auch in Deutschland aktiv. Er betrachtet sich als Nachfolgeorganisation der Rosenkreuzer des 17. Jahrhunderts. Der AMORC, der sich als überkonfessionelle Gemeinschaft begreift, beruft sich auf altes esoterisches Wissen, das angeblich einer 1350 v. Chr. gegründeten antiken Mysterienschule Ägyptens entstammen soll. Einer Informationsschrift des Ordens zufolge wird ein Einweihungsweg gelehrt, »der seine Studierenden zu größerer Erkenntnis und eigener Gotteserfahrung führen will«. Weiter heißt es: »Durch die Initiationspraxis, die feierliche Einweihung in die jeweils nächsthöhere Erkenntnisstufe, werden die geistigen Fähigkeiten gründlich entwickelt, weil dieses Vorgehen eine Entsprechung in den Gesetzen des Universums findet.« Dieser persönliche Lernprozess geschieht durch das Heimstudium des zugesandten, »leihweise überlassenen« Schulungsmaterials, durch Initiationen und Ritualarbeit. Zum Ziel des Studiums heißt es: »Durch die Lehren des Ordens und ihre gezielt dosierte Anwendung wird die wahre eigene Persönlichkeit entdeckt und vor der Vermassung bewahrt, die uns bedroht. Durch das Training des Geistes kann die Widerstandskraft des Körpers gefestigt werden.« Das Hauptziel ist, dem Menschen die esoterischen Gesetze und übernatürlichen Fähigkeiten zur »Meisterung des Lebens« an die Hand zu geben. Der Schulungsweg, der mit einer Selbsteinweihung des Schülers im »Heim-Sanctuarium« beginnt, verläuft über ein Gradsystem (Einführende Grade, Obere Grade, Hochgrade), wobei der Schüler auf der höchsten Stufe »Zugang zum geheimen Wissen der Rosenkreuzer« erhält. Darin werden u.a. folgende Themen behandelt: Die höhere Astrologie, Der esoterische Tarot und Ritualistik. Nach eigenen Angaben gibt es im deutschen Sprachraum 3 000 Mitglieder. Weltweit dürfte sich die Zahl auf 100 000 bis 150 000 belaufen. Das internationale Zentrum des AMORC befindet sich in San José/Kalifornien. Die »deutschsprachige Jurisdiktion« hat ihren Sitz in Baden-Baden. Derzeit gibt es nach eigenen Angaben in über 50 deutschen Städten Gesprächsrunden, gemeinsame Meditationen und Informationsveranstaltungen. Die vierteljährlich erscheinende Zeitschrift der Gruppe heißt *AMORC-Forum*, ausschließlich für Mitglieder ist das monatliche Mitteilungsblatt *Tempel-Echo* bestimmt. Das Lehrsystem des AMORC erweist sich nicht als christliche, sondern vielmehr als esoterische Weltanschauung.

→ *Esoterik*

Amulett, → *Aberglaube*

Anthroposophie, (= Menschenweisheit), herkömmlich der Systemesoterik zugerechnete weltanschauliche Richtung, die auf *Rudolf* → *Steiner* (1861-1925) zurückgeht. *Steiner*, von 1902 bis 1913 Generalsekretär der deutschen Sektion der → *Theosophischen Gesellschaft*, entwickelte 1913 die Anthroposophie, für die er auch die Bezeichnung Geisteswissenschaft verwandte. Der in diesem Zusammenhang entwickelte Erkenntnisweg möchte »das Geistige im Menschenwesen zum Geistigen im Weltenall führen«. Für die Erkenntnis höherer Welten entwickelte *Steiner* einen entsprechenden Schulungsweg. *Steiner* beruft sich bei der Darlegung der Kosmologie und seines Menschenbildes auf übersinnliche Erkenntnis, die er aus seinem behaupteten Einblick in die »Akasha-Chronik« bezieht, worunter er ein Weltgedächtnis begreift, aus dem bei entsprechender geistiger Schulung Vergangenes und Zukünftiges »gelesen« werden könne. Gleichzeitig bezeichnet *Steiner* die Anthroposophie als Geheimwissenschaft, als Weg des Erkenntnis, der nur Eingeweihten zugänglich ist, für Außenstehende jedoch okkult, verborgen, bleibt. Neben einer unorganisierten Zahl von Lesern der Schriften *Steiners* bzw. derer, die mit ihrem Inhalt sympathisieren, gibt es die 1913 bzw. 1922 neubelebte Allgemeine Anthroposophische Gesellschaft, die ihren Sitz in Dornach bei Basel (Schweiz) hat. Die deutsche Sektion hat zurzeit ca. 20 000 feste Mitglieder. Auf religiösem Gebiet ist der Einfluss der Anthroposophie in der → *Christengemeinschaft* besonders deutlich. Die Anthroposophie *Steiners* genießt hierzulande vor allem durch ihre Einrichtungen und praktischen Erscheinungsformen – die sog. Dreigliederungsbewegung – auf den Gebieten der Medizin (Weleda- und Wala-Produkte), Landwirtschaft (biologisch-dynamischer Landbau; Demeter) und Pädagogik (→ *Waldorfschulen*) – einen guten Ruf. Weitgehend unbekannt sind hingegen die weltanschaulichen Grundlagen, die aus christlicher Sicht kritisch zu hinterfragen sind. Sie betreffen insbesondere die angeblich von *Steiner* auf übersinnlichem Wege gewonnenen Erkenntnisse zum Gottes-, Christus- und Menschenbild und die anthroposophischen Kernaussagen zu Karma und → *Reinkarnation.*

Apostelamt Jesu Christi, eine (von zahlreichen) Abspaltungen aus dem Umfeld der → *Neuapostolischen Kirche.* Nach dem Tode von *Julius Fischer* (→ *Gemeinschaft des göttlichen Sozialismus*) zerbrach die von ihm gegründete Gemeinschaft. Das Apostelamt Jesu Christi greift also das Erbe *Fischers* auf und setzt dieses fort. Im NS-Staat war die Gemeinschaft verboten. Ab 1981 war die Gemeinschaft im Gaststatus in der Arbeitsgemeinschaft Christlicher Kirchen – ACK (in der DDR), seit 1993 ist sie Gastmitglied in der ACK Deutschland. Die Hauptverbreitungsgebiete liegen in den neuen Bundesländern. Die Gemeinschaft hat etwa 18 000 Mitglieder. In den letzten Jahren gehen die Mitgliederzahlen zurück.

Apostelamt Juda, → *Gemeinschaft des göttlichen Sozialismus*

Apostolisch Genootschap, eine holländische Abspaltung von der → *Neuapostolischen Kirche.* Zum Zerwürfnis kam es während des Zweiten Weltkrieges wegen Streitigkeiten in der Abendmahlsfrage. In Deutschland gibt es praktisch keine Mitglieder.

Apostolische Gemeinde des Saarlandes, eine der wichtigsten Abspaltungen von der → *Neuapostolischen Kirche.* Sie entstand in den 1950er-Jahren, nachdem einige saarländische Gemeindeleiter von der Leitung der Neuapostolischen Kirche gemaßregelt bzw. ausgeschlossen wurden. Am 30. März 1955 konstituierte sich die Apostolische Gemeinde des Saarlandes. Inzwischen ist die Gemeinde recht klein; sie hat etwa 150 aktive Mitglieder. Im Gegensatz zur Neuapostolischen Kirche nehmen in der Apostolischen Gemeinde des Saarlandes auch Frauen an der liturgischen Gestaltung des Gottesdienstes (Austeilen des Abendmahls, Gebete und Lesungen) teil. Seit etwa 1995 gibt es Gespräche mit der Neuapostolischen Kirche zur Klärung bzw. Intensivierung der Beziehungen.

Apostolische Gemeinschaft, eine (von zahlreichen) Abspaltung von der → *Neuapostolischen Kirche* (*NAK*). Im Jahre 1948 war *Peter Kuhlen* zum Nachfolger des 77-jährigen Stammapostels *Friedrich Bischoff* designiert worden. Ab 1950/51 behauptete dieser, die Wiederkunft Jesu Christi sei noch zu seinen Lebzeiten zu erwarten. *Kuhlen* konnte diese Meinung nicht mittragen und reichte deshalb seinen Rücktritt als Stammapostelhelfer ein. Als Bezirksapostel in Nordrhein-Westfalen blieb *Kuhlen* jedoch im Amt. Wegen seines fortgesetzten Widerspruchs gegen die Botschaft des Stammapostels *Bischoff* vom Kommen Jesu Christi wurde er am 23. Januar 1955 von der Apostelversammlung sämtlicher Ämter enthoben und aus der NAK ausgeschlossen. Das Verdikt traf noch weitere Amtsträger, *Kuhlen* jedoch wurde zum Symbol für eine der schwersten und gewiss auch menschlich problematischsten Krisen der NAK nach dem Zweiten Weltkrieg. Mit

Kuhlen verließen etwa 20 000 neuapostolische Gemeindeglieder aus dem Apostelbezirk Düsseldorf ihre Kirche. Bereits im Sommer 1956 konnte die Vereinigung der Apostel der Apostolischen Gemeinden gegründet werden, später die Vereinigung der Apostolischen Gemeinden. Die Apostolische Gemeinschaft kennt bis heute das Apostelamt, dieses wird jedoch nur als »leitendes kirchliches Lehramt« verstanden und begründet keinen besonderen Exklusivitätsanspruch. Das Amt des Stammapostels kennen die apostolischen Gemeinden nicht. Obwohl es gelegentlich Gespräche mit der NAK gibt, ist die Kluft tief. Seit 1994 ist der Düsseldorfer Zweig der Apostolischen Gemeinschaft Mitglied der regionalen Arbeitsgemeinschaft Christlicher Kirchen (ACK). Die Apostolische Gemeinschaft hat in Deutschland etwa 8 000 Mitglieder. Sie ist auch in einigen anderen Ländern anzutreffen.

Applied Scholastics, ein Zweig der → *Scientology-Organisation*, mit welchem versucht wird, die Ideologie der Scientology in schulische Projekte einzubringen. Applied Scholastics wurde Anfang der 1970er-Jahre gegründet und wird von der (ebenfalls scientologischen) → *Association for Better Living and Education* verwaltet.

Arbeitsgemeinschaft Naturreligiöser Stammesverbände Europas (ANSE), 1990 von *Sigrun Schleipfer* alias *Sigrun Freifrau von Schlichting* gegründetes Netzwerk von Neuheiden-Gruppen in Europa mit Sitz in Ammerland/Bayern. Die ANSE ist auf folgenden Feldern aktiv: Besuch von Kultstätten, Lehrgänge für Symbolkunde, Runenlehrgänge und Stammestreffen. Sie gibt auch die Zeitschrift *Huginn und Muninn – Deutschsprachige Midgart-Zeitung*

für europäische Religion, Kultur und Mysterien heraus. Eigenen Angaben zufolge steht dieses Netzwerk »im europäischen Raum mit mehr als 80 heidnischen Kulturorganisationen in Verbindung – von Finnland bis Portugal, von der Ukraine bis Island.« *Sigrun Schleipfer* ist »Großmeisterin« des von Kritikern als stark rechtslastig bezeichneten → *Armanen-Ordens.*
→ *Neuheidentum*

Armanen-Orden, eine 1976 von *Adolf Schleipfer* als Nachfolgeorganisation der Guido-von-List-Gesellschaft gegründete neugermanisch-heidnische Gruppe, die – wie Kritiker ihr vorwerfen – sich im Bereich zwischen → *Esoterik*, Antisemitismus und Rassismus bewegt. Die Gruppe betrachtet die Armanen als geistige Führer der Germanen. Die germanischen Götter gelten als Naturgewalten und übersinnliche Kräfte. Sitz des Armanen-Ordens ist Köln. Er gibt die Zeitschrift *Irminsul – Stimme der Armanen* heraus. Nur an Mitglieder wird *Der Urdbrunnen* abgegeben. Nach Schätzungen beläuft sich die Zahl der Anhänger zwischen 50 und 150. Großmeister des Armanen-Ordens sind *Adolf Schleipfer* und die Begründerin der → *Arbeitsgemeinschaft Naturreligiöser Stammesverbände Europas (ANSE), Sigrun Schleipfer* alias *Sigrun Freifrau von Schlichting.*

Assemblies of God, im Jahre 1914 gegründeter Dachverband selbstständiger Pfingstgemeinden in den USA (→ *Pfingstbewegung*). Weltweit bestehen Gemeinden, die mit den Assemblies of God verwandt sind. In den USA gibt es etwa 2 Millionen Mitglieder, weltweit bis zu 20 Millionen.

Association for Better Living and Education (ABLE), ein Zweig der → *Scientology-Organisation*, mit welchem versucht wird, die Ideologie der Scientology in soziale Projekte einzubringen. Zu ABLE gehören beispielsweise → *Narconon* und → *Criminon*.

Astrologie, (= die Lehre oder das Wissen von den Sternen). Die Astrologie ist der Jahrtausende alte Versuch, die Fragen des menschlichen Lebens und des Schicksals in Verbindung mit den Planeten zu deuten. Die Astrologie sucht nach Gesetzmäßigkeiten »wie Oben, so Unten«, wobei mit Oben der Kosmos und mit Unten die irdische Welt gemeint ist.

Die Astrologie ist in einer Zeit entstanden, in der die Himmelskörper als Sitz göttlicher Wesen gedeutet wurden und vielfach selbst als Götter galten. Oftmals wurden Götter in Verbindung mit Sternen und Planeten dargestellt, und noch heute werden die »Götter« der Unterhaltungskultur als Stars, also als Sterne bezeichnet. Vielfältig sind die Spuren der Astrologie in unserer Alltagkultur: So erinnern die Bezeichnungen Sonn-tag und Mon-tag an die Zuordnung einiger Wochentage zu Planetengöttern in alter Zeit. Offensichtlich ist auch, dass Himmelskörper Einfluss auf unser Leben haben können: So sind die Gezeiten vom Mond abhängig, der weibliche Zyklus entspricht den Mondphasen usw. Auch in der Alltagssprache gibt es zahlreiche Spuren der Astrologie, wenn beispielsweise gesagt wird: Ihr oder sein Auftritt steht unter keinem guten Stern.

Die entscheidende Frage der Astrologie lautet: Gibt es einen Zusammenhang zwischen der Konstellation der Planeten, beispielsweise bei der Geburt eines Kindes und dessen späterem Leben, zwischen der Konstellation der Planeten bei der Gründung einer Bank und deren späteren Geschäftserfolgen oder -misserfolgen usw.? Das, was wir umgangssprachlich unter Astrologie verstehen, ist kein einheitliches System. Es lassen sich verschiedene Modelle beschreiben. Die einflussreichsten und wichtigsten sind die sog. klassische Astrologie, die sog. revidierte Astrologie und die vulgäre Astrologie.

Die klassische Astrologie entstand in der Antike und erlebte ihre Blüte in der Renaissance zwischen 1450 und 1650 (→ *Nostradamus*). Selbst *Luthers* Mitstreiter *Philipp Melanchthon* fragte bei wichtigen Entscheidungen nach den astrologischen Hintergründen. In der klassischen Astrologie spielt die Konstellation der Planeten bei der Geburt eines Menschen eine große Rolle. Deshalb ist der genaue Geburtszeitpunkt und -ort wichtig. Nur wenn diese Angaben vorliegen, lässt sich der Aszendent genau berechnen. Je nachdem, in welchem »Haus« die Planeten stehen, werden bestimmte Lebensbereiche beeinflusst. Die Stellungen (»Aspekte«), unter denen die Planeten zueinander stehen, verstärken oder schwächen die Kräfte. So lassen sich, das zumindest wird in der Astrologie geglaubt, Talente, Fähigkeiten, aber auch Schwächen des Menschen benennen. Indirekt ergeben sich auch Zeitabschnitte, in denen etwas gut gelingen kann, oder aber unter »einem schlechten Stern stehen dürfte«.

Die sog. revidierte Astrologie ist erst im 20. Jahrhundert entstanden. Sie versucht, die Erkenntnisse der Tiefenpsychologie (*C. G. Jung*) für die Astrologie fruchtbar zu machen. Sie verzichtet auf Prognosen und versteht sich als ein Mittel zum besseren Verständnis des Menschen. Sie will also auf Tendenzen hinweisen und fragt nach der symbolischen Bedeutung der Planeten bzw. Planetenkonstellationen. Hier dient die Astrologie nicht der Beschreibung des Unabweisbaren, sondern sie will vielmehr neue Möglichkeiten aufzeigen und Verständnis für Stärken und Schwächen entwickeln. Im Kontext dieser revidierten Astrologie gibt es neue Versuche, die Astrologie für die therapeutische Arbeit fruchtbar zu machen (*F. Riemann*), oder aber den christlichen Glauben mit der Astrologie neu zu verbinden (z. B. *C. Schubert-Weller*).

Am bekanntesten ist jedoch die sog. vulgäre Astrologie. Hiermit sind Zeitungs-, Computer-, Telefonhoroskope und andere simple Deutungsmodelle gemeint, die allein aus der Zuordnung eines Tierkreiszeichens, in welchem die Sonne bei der Geburt des jeweiligen Menschen gestanden haben soll, etwas über dessen Wesen, Charakter und Liebesfähigkeit aussagen. Das ist jedoch nicht möglich, wie zahlreiche Studien gezeigt haben.

Die große Verbreitung der vulgären Astrologie in einer Zeit, die sich eigentlich für aufgeklärt und modern hält, ist erklärungsbedürftig. Die Faszination astrologischer Aussagen liegt in einem Überwissen, also in einem Wissen, welches über die Alltagserfahrungen hinausgeht. Plötzlich wird (scheinbar) verständlich, warum immer wieder dieses und jenes Missgeschick passiert, warum dieser Tag ein Unglückstag war und warum die letzte Liebesgeschichte in die Brüche ging: Skorpion und Fisch passen eben nicht zusammen. Die vulgäre Astrologie erklärt, wofür es keine (einfache) Erklärung gibt und entlastet somit von Verantwortung.

Aus christlicher Perspektive werden astrologische Prognosen kritisch gesehen, weil nach biblischem Verständnis Gott der Herr über Himmel (und damit über die Planeten) und Erde ist. Von *Luther* wird berichtet, dass er vor einer Schifffahrt über die Elbe gewarnt wurde, weil für diesen Tag ein negatives Horoskop berechnet war. *Luther* soll mit den Worten »Domini sumus« in den Kahn gesprungen sein. Dieser lateinische Satz hat einen doppelten Sinn: Wir sind Herren (über die Dinge) und: Wir sind des Herrn (also Gott anvertraut – und nicht irgendwelchen Sternen). Die Beliebtheit der (vulgären) Astrologie in der modernen Gesellschaft zeigt, wie sehr sich Menschen nach Entlastung und Verantwortungsabgabe sehnen.

a tempo, kostenloses Monatsmagazin aus dem Umfeld der → *Anthroposophie*. Erscheint im Verlag Freies Geistesleben & Urachhaus, Stuttgart.

Atlantis, ursprünglich ein antiker Name für eine bei dem griechischen Philosophen *Platon* (427-347 v. Chr.) genannten sagenhaften Insel. Sie soll vermutlich im Atlantischen Ozean existiert haben und nach einem Erdbeben verschwunden sein. Die Existenz von Atlantis und die genaue Lokalisierung der Insel sind jedoch sehr umstritten. Von wissenschaftlicher Seite ist bei *Platons* Beschreibung des legendären Inselstaats von einer literarischen Fiktion auszugehen. Trotzdem hat der Atlantis-Mythos kräftig in der Zeit der Renaissance nachgewirkt: Er wird zum Inbegriff einer globalen Menschheits-Utopie. Besonders die moderne → *Esoterik* hat den versunkenen Kontinent für sich entdeckt und ihn zur Projektionsfläche esoterischer Sehnsüchte und Spekulationen werden lassen. Atlantis wird mit dem angeblich verborgenen Ur-Wissen der Menschheit in Verbindung gebracht. Einerseits versucht die Esoterik mithilfe außergewöhnlicher Bewusstseinszustände (→ *Channeling*) mehr über die Hintergründe und die Lebensverhältnisse von Atlantis in Erfahrung zu bringen. Andererseits dient der versunkene Inselstaat im Kontext von → *Theosophie* und → *Anthroposophie* als Grundlage für esoterische Kulturtheorien. Dabei wird von der Annahme ausgegangen, dass die Menschheit in vorsintflutlicher Zeit schon einmal eins und durch eine Ur-Religion verbunden war. Daneben gibt es eine völkisch-esoterische Rezeptionsvariante mit der Vorstellung eines »nordischen Atlantis«, wonach angeblich Helgoland der Rest des untergegangenen Atlantis sowie der Ursprungsort der »arischen Rasse« sei. In der gegenwärtigen → *Esoterik-Szene* hat sich Atlantis zum Vorbild und zur Zielvorstellung utopischer Träume entwickelt. Zusätzlich spielt dieser Mythos nicht nur in der heutigen Medienkultur – im Bereich der Science-Fiction- und Fantasy-Literatur oder in Film und Popmusik (z. B. *Donovan*) – eine Rolle. Mit der ursprünglichen staatspolitischen Legende *Platon*s haben solcherlei Spekulationen freilich nichts mehr zu tun. Die moderne fantastische und esoterische Atlantologie kommt offenbar dem säkularen, nachchristlichen Bedürfnis nach neuen Ur-Mythen fernab biblisch-christlicher Überlieferungen entgegen. Im Atlantis-Mythos verdichtet sich der Traum einer verloren gegangenen paradiesischen Einheit, die durch übersinnliche Erkenntnisse aufzuspüren und (wieder) zu finden ist.

Auditing, ein Kunstwort aus der Sprache der → *Scientology-Organisation.* Es meint hier eine besondere Form der Kommunikation bzw. von Frage und Antwort. Scientology versteht das Auditing als eine spezielle Form der Seelsorge oder Beratung; Kritiker sehen im Auditing eine

Methode, mit der Menschen gefügig und von Scientology abhängig gemacht werden.

Avatar, aus dem Sanskrit stammender Begriff, mit dem die irdischen Verkörperungen einer Gottheit bezeichnet werden (Avatara = Herabkunft). In den indischen Religionen sind zahlreiche Avatare bekannt. In Europa und den USA wird dieser Begriff in den letzten Jahren vielfach im Zusammenhang mit einem Kurssystem verwendet, welches *Harry Palmer* (geb. 1944) begründet hat. *Palmer* hatte ursprünglich ein Ingenieurstudium aufgenommen. Als er jedoch einem indischen Guru begegnete, brach er sein Studium ab. In dieser Zeit absolvierte er auch zahlreiche Kurse bei → *Scientology*. Später erlangte *Palmer* einen Universitätsabschluss und lehrte amerikanische Literatur. Ab 1987 begann *Palmer*, eigene Techniken zur Bewusstseinserweiterung bzw. Bewusstseinsveränderung zu entwickeln. Es entstand ein dreistufiges Kurssystem. Lediglich die Unterlagen für die erste Stufe sind veröffentlicht; Stufe 2 und 3 können nur von einem Avatar-Meister (= Avatar-Master) vermittelt werden. Weltweit werden die Avatar-Kurse unter dem Namen Star's Edge International vertrieben. Dabei sind die Avatar-Meister Lizenznehmer dieser Organisation – und damit von *Palmer*. Weltweit dürfte es etwa 2 500 dieser Avatar-Meister geben; nach eigenen Angaben haben weltweit etwa 65 000 Personen einen Kurs absolviert.

Das Avatar-System will ein »Programm zur Bewusstseinserweiterung« darstellen und Menschen »leicht« in »große geistige Freiheit« führen. In der Werbung heißt es: Avatar ist ein »Selbstermächtigungstraining«. Zentral ist die Vorstellung vom Schaffen (= kreieren) bzw. Löschen (= diskreieren): Alte und überlebte Vorstellungen sollen »gelöscht« werden, ein besseres Leben und neue Zukunftsvisionen werden »geschaffen«. Ein Kurs verspricht, eine neue menschliche Gesellschaft zu schaffen; oder wie es auf der Homepage eines Avatar-Anbieters heißt: »Die Mission von Avatar in der Welt ist es, zur Integration aller Glaubenssysteme beizutragen und mitzuhelfen, eine erleuchtete planetarische Zivilisation zu verwirklichen.«

Umstritten ist die Beziehung des Avatar-Systems zu Scientology. *Palmer* hat sich von einigen zentralen Vorstellungen der Scientology distanziert, übernimmt aber auch manchen Denkansatz. Insofern muss man sich über die häufig geäußerten Hinweise, Avatar sei eine Weiterentwicklung der Scientology, nicht wundern. Aber auch aus anderen Gründen werden Bedenken angemeldet: Selbst die der → *Psychoszene* nahe stehende Zeitschrift *Esotera* fragte seinerzeit, ob das Avatar-Training »von Null zur Göttlichkeit in sieben Tagen« zu führen vermag.

Aus einer christlichen Perspektive ist die Ideologie des Avatar problematisch, weil die Vorstellung, jeder schaffe sich sein Leben und seine Wahrheit selbst, Allmachtsfantasien erzeugt. Aus christlicher Sicht ist der Mensch gerade in seiner Begrenztheit ein von Gott bejahtes Wesen.

Ayurveda, auch: Ayur-Veda, (sanskr. = Wissen vom gesunden Leben): Sammlung altindischer Schriften zur Medizin im Umfeld des Hinduismus. Traditionell werden im Ayurveda pflanzliche bzw. naturnahe Stoffe zur Linderung von Schmerzen und Beschwerden eingesetzt. Bei uns wird dieser Begriff jedoch häufig mit der Maharishi-Ayurveda gleich gesetzt, das allenfalls als ein (westlicher) Sonderfall des klassischen Ayurveda bezeichnet werden kann. Maharishi-Ayurveda wurde von → *Maharishi Mahesh Yogi*, dem Gründer der → *Transzendentalen Meditation* entwickelt. Heute bieten die in der westlichen Welt anzutreffenden Ayurveda-Kliniken überwiegend Naturmedizin an, die oftmals der Transzendentalen Meditation nahe steht. Aufgrund der starken Nachfrage nach alternativer Medizin und nach Wellness besteht die Gefahr, dass Ayurveda immer mehr zu einem Containerbegriff für östliche Medizin und Gesundheitsfürsorge (z. B. Massage) wird. Verschiedene Initiativen bemühen sich deshalb um Abgrenzung vom Wildwuchs. Dass die Grenzen zwischen seriösem Ayurveda und problematischen Verheißungen dennoch diffus sind, zeigt die Schweizer Homepage eines noblen Ayurveda-Hotels in Indien. Hier wird für ein ayurvedisches Verjüngungsmedikament auf rein pflanzlicher Basis geworben, als ließe sich der Ablauf der Zeit mittels eines Pflanzenextraktes umkehren.

B

Bachblüten-Therapie, eine populäre, häufig mit esoterischem Gedankengut verbundene »sanfte Heilweise«, die auf den englischen Arzt und Esoteriker *Dr. Edward Bach* (1886-1936) zurückgeht. Leitend dabei ist die Überzeugung, die in einem speziellen Verfahren hergestellten Blütenessenzen hätten u. a. eine spirituelle Wirkung auf Körper und Geist. *Bach* beschäftigte sich u. a. mit Homöopathie, die er jedoch stark abwandelte. Er war davon überzeugt, dass die unsterbliche Seele des Menschen mit bestimmten Energiepotenzialen in die Welt kommt. In Anlehnung an das tiefenpsychologische Konzept *Carl Gustav Jungs* entwickelte er ein System psychisch definierter Persönlichkeitstypen und der dazu gehörigen Heilpflanzen. Wie es in heutigen Beschreibungen heißt, habe der Arzt, der 1930 seine Praxis aufgab und sich für seine neue Aufgabe in die Einsamkeit zurückzog, seine Blütentherapie entwickelt. Wie es heißt, soll er durch seine »außerordentliche und sensitive Begabung und Naturverbundenheit« auf vielen ausgedehnten Wanderungen 38 Pflanzen ermittelt haben, deren Schwingungsenergie alle seelischen Empfindungen beinhalten soll. *Bach* betrachtete Krankheit als Konflikt zwischen höherem Selbst und Persönlichkeit. Die eigentliche Ursache wird dementsprechend in einer individuellen Charakterschwäche gesehen. Die in speziellen Verfahren hergestellten Blütenessenzen werden als Katalysator zwischen Körper, Geist und Seele betrachtet. Sie können, wie es bei einzelnen Anbietern im Internet heißt, u. a. »geistige Zustände wie Angst, Misstrauen, Verbitterung, Schüchternheit etc. ausbalancieren und harmonisieren«. So hilft etwa die Blütenessenz der weißen Waldrebe (Clematis) bei »Gleichgültigkeit und Flucht aus der Realität«. Die Blüte von Star of Bethlehem (Doldiger Milchstern) trägt angeblich dazu bei, »seelische und körperliche Verletzungen zu verarbeiten und zu überwinden«. Neben den 38 einzelnen Blütentropfen wird noch eine Kombination aus fünf verschiedenen Essenzen als so genannte Rescue-Tropfen für Notfälle verwendet. Die Herstellung der Bachblüten-Essenzen kann auf zweierlei Weise erfolgen: Bei der sog. Sonnenmethode werden die Blüten an einem schönen, warmen Sommertag bei voller Sonneneinstrahlung gepflückt. Man gibt sie in eine Glasschale mit frischem Quellwasser, möglichst von einer Quelle in der Nähe des Standortes der Pflanze. Es genügt, wenn die Blüten nur die Oberfläche des Wassers bedecken. Nun stellt man die Schale zwei bis vier Stunden in die Sonne. Die Sonne bringt, nach *Edward Bach*, die Schwingung der Blüten in das Medium Wasser, das auf diese Weise energetisch imprägniert wird. Anschließend werden die Blüten herausgenommen und der Lösung die gleiche Menge Alkohol – *Bach* verwendete dazu Weinbrand – hinzugegeben, um die Substanz haltbar zu machen. Die so gewonnene Lösung bildet die Ur-Tinktur. Sie wird in einem zweiten Schritt mit Weinbrand verdünnt und in Flaschen abgefüllt. Diese werden als Vorratsflaschen (engl. Stockbottles) bezeichnet und sind im Handel erhältlich. Zu Behandlungszwecken verdünnt man sie später weiter. Daneben gibt es eine zweite Methode zur Herstellung der Essenzen, die so genannte Kochmethode: Die Blüten bzw. Knospen werden gepflückt wie bei der Sonnenmethode, danach ausgekocht, anschließend wird der Extrakt mehrfach filtriert und mit der gleichen Menge Weinbrand vermischt, um die Substanz haltbar zu machen. Die weitere Verarbeitung erfolgt wie bei den durch die Sonnenmethode hergestellten Blütenessenzen. Die Original Bachblüten-Therapie unterscheidet zwischen drei Anwendungsgebieten: für die »seelische Gesundheitsfürsorge« (Bewusstseinsentwicklung, Harmonisierung disharmonischer seelischer Verhaltensmuster), zur »Akutbehandlung psychischer Stress-Situationen und Lebenskrisen« sowie zur »Begleitbehandlung akuter und chronischer Krankheiten« (Schlafstörungen, Neurodermitis). In Hamburg befindet sich ein Institut für Bachblüten-Therapie.

Seine Leiterin, *Mechthild Scheffer*, hat eigenen Angaben zufolge das Konzept von *Dr. Bach* seit 1981 in Deutschland bekannt gemacht. Aus medizinischer Sicht sind bisher keinerlei Nebenwirkungen bekannt geworden. Abgeraten wird der Einsatz von Bachblüten-Essenzen jedoch bei Krankheiten, weil bisher ein überzeugender Wirksamkeitsnachweis nicht erbracht werden konnte. Zu kritisieren ist aus weltanschaulicher Sicht die willkürliche Festlegung von 38 menschlichen Gemütszuständen, denen die jeweiligen Blütenessenzen zugeordnet werden. Hinzu kommt: *Bachs* Theorie lässt sich problemlos in einen esoterischen Ansatz integrieren. Nach esoterischer Auffassung ist das Lebensschicksal des Menschen von seiner geistig-spirituellen Einstellung abhängig. Das Geistige steht demzufolge über dem Körperlichen. Mithilfe einer speziellen Technik können, so die Überzeugung vieler Esoterik-Anbieter, die schier unbegrenzten geistigen Energien im Menschen mobilisiert werden. Doch nicht alle Verbreiter und Anwender übernehmen diesen weltanschaulichen Hintergrund, sondern suchen vielmehr nach geeigneten Mitteln für das eigene körperlich-geistige Wohlbefinden. Bachblüten-Essenzen werden auch Tieren verabreicht, wobei überzeugte Anwender von großen Erfolgen berichten und damit sog. Placebo-Effekte ausschließen wollen. Doch das ist letztlich eine Frage der individuellen weltanschaulichen Deutung.
→ *Esoterik*, → *Esoterik-Szene*

Baptisten, genauer: Bund Evangelisch-Freikirchlicher Gemeinden in Deutschland, eine Körperschaft des Öffentlichen Rechts. Gemeinsam mit den → *Brüdergemeinden* bilden die in diesem Bund zusammengeschlossenen Baptisten die größte → *Freikirche* in Deutschland (etwa 85 000 Mitglieder). Ferner leben in Deutschland noch etwa 170 000 Baptisten, die nicht in diesem freikirchlichen Bund organisiert sind, sondern in unabhängigen Gemeinden oder Aussiedlergemeinden zusammenkommen. Auch weltweit sind die Baptisten sehr wichtig: In den USA bilden sie – nach der Katholischen Kirche – die größte christliche Denomination. Weltweit dürfe es etwa 50 Millionen *Baptisten* geben. Entstanden ist der Baptismus im 16. Jahrhundert in England, die Bewegung entwickelte im 19. Jahrhundert eine beachtliche missionarische Kraft. Typisch für das baptistische Glaubensleben ist, dass den örtlichen Gemeinden weitgehende Autonomie zugesprochen wird. Mitglied kann werden, wer persönlich seinen Glauben an Jesus Christus bekennt und auf dieser Basis die Taufe durch Untertauchen empfängt. Die Kindertaufe wird abgelehnt, woraus gewisse Spannungen mit den anderen Kirchen resultieren. Die Konzentration auf Jesus Christus und ein persönliches Glaubenszeugnis zeigen jedoch, wie ernst es den Baptisten mit der Christusnachfolge ist. Die Zentrale des Bundes Evangelisch-Freikirchlicher Gemeinden befindet sich in Elstal bei Berlin. Die Baptisten sind aufgrund ihrer ökumenischen Offenheit und ihrer theologischen Positionen eine Freikirche und keinesfalls den → *Sekten* zuzuordnen.

Benedicite, Zeitschrift der → *St. Michaelsvereinigung*

Bernhardt, Oskar Ernst, → *Abd-ru-shin*

Bertschinger Eicke, Erika, → *Fiat Lux*

Bhagwan-Bewegung, auf *Bhagwan Shree Rajneesh* (bürgerlich: *Rajneesh Chandra Mohan*, 1931-1990) zurückgehende, religiöse Gruppe. In den letzten Jahren seines Lebens nannte sich *Bhagwan* (der Gesegnete bzw. der Erleuchtete) auch *Osho* (= Priester), weshalb die von ihm ins Leben gerufene Bewegung *Bhagwan-* oder auch *Osho*-Bewegung genannt wird.
Im Gegensatz zu zahlreichen anderen indischen Gurus genoss *Bhagwan* eine (bescheidene) akademische Ausbildung: Er hat studiert und war bis 1966 Dozent für Philosophie in Indien. 1969 gründete er seinen ersten Ashram in Bombay. Seine Schüler nannten sich Neo-Sannyasins (Sannyasin = Mönch). *Bhagwan* hatte auch zahlreiche Anhänger in den westlichen Ländern, was einer der Gründe für seine Bekanntheit war. Bereits den ersten Ashram besuchten viele junge Menschen aus Westeuropa und den USA. Bhagwan deutete die traditionellen Vorstellungen von einem Sannyasin um. Er nahm zahlreiche Impulse aus der sog. Humanistischen Psychologie (*W. Reich*, *A. Lowen* u. a.) auf, entwickelte eigene Meditationen und experimentierte mit bewusstseinserweiternden Drogen. 1974 verlegte *Bhagwan* sein Zentrum in das indische Poona, 1981 in die USA (Oregon). In den USA wurde die Bewegung zunehmend kommerzieller: Aus dem spirituellen Zentrum wurde geradezu ein Wirtschaftsunternehmen. Ab 1983 wurde die Neo-Sannyas-Bewegung als eigene Religionsgemeinschaft entwickelt; wohl um gewisse steuerliche Vorteile in Anspruch nehmen zu können. 1985 wurden *Bhagwan* und seine Lebensgefährtin verhaftet und rechtskräftig verurteilt. 1986 kehrte *Bhagwan* nach Indien zurück, wo er Anfang 1990, angeblich aufgrund einer Vergiftung, verstarb.

Würde man *Bhagwan* nach seiner Lehre befragen, so hätte er gesagt, dass er keine habe. Ähnlich äußern sich seine Anhänger. *Bhagwan* wollte keine Lehre vermitteln, er war ein Mann der Widersprüche, der paradoxen Interventionen. In einem Interview mit dem Nachrichtenmagazin *Der Spiegel* sagte *Bhagwan* 1985: »Es gibt Fragen, die mir tausendmal gestellt worden sind. Und tausendmal habe ich ein andere Antwort gegeben.« So erklären sich vermutlich auch Aussagen, die in der Öffentlichkeit immer wieder für Bestürzung gesorgt haben: Beispielsweise hat *Bhagwan* Mutter Theresa als Kriminelle bezeichnet und über Jesus Christus gesagt, dieser hätte »keine Ahnung von Religion«. *Bhagwan* hat zahlreiche Reden gehalten, die in Büchern publiziert worden sind – es gibt mehr als 600 Buchtitel. *Bhagwan* dürfte – in literarischer Hinsicht – einer der produktivsten religiösen Führer gewesen sein.

Trotz aller Widersprüche lassen sich Grundzüge seiner Überlegungen benennen: Der Mensch muss sein Ego (gemeint sind gesellschaftliche Konditionierungen, das sog. »falsche Sein«) überwinden und das eigene Sein finden. Dieses eigene Sein kann er finden, indem er die Humanistische Psychologie (Leben im Hier und Jetzt, Selbstverwirklichung usw.) anwendet, aber auch einige Vorstellungen östlicher Religionen von Ich-Losigkeit. *Bhagwan* verband also östliches und westliches Denken – was wohl entscheidend dafür war, dass er in den westlichen Ländern Tausende derart fasziniert hat.

Wie kein zweiter Guru ist *Bhagwan* in den westlichen Ländern auch ein Thema für die Regenbogenpresse gewesen. Häufig wurde über die paradoxen Reden, die zahlreichen Rolls-Royce (*Bhagwan* besaß etwa 90) und natürlich darüber berichtet, dass viele Kinder westlicher Eltern Sannyasins wurden: Sie trugen Gewänder in Orange, eine Kette aus Holzperlen (= Mala) und erhielten neue Namen. Kein Wunder, dass hier heftige Konflikte entstanden sind. Bekannt wurde in Westeuropa auch die sog. Dynamische Meditation, die noch heute in der → *Psychoszene* weit verbreitet ist.

Mit dem Tod *Bhagwans* verlor die Bewegung ihr Zentrum und damit viel an Kraft. Zwar gibt es in Deutschland noch einige Zentren (München, Köln, Dresden) und eine deutschsprachige Ausgabe der *Osho-Times*, jedoch ist die Bhagwan-Bewegung als Organisation von geringer Bedeutung. Nennenswert ist aber, dass viele Ideen *Bhagwans* in die Psychoszene Eingang gefunden haben. Blickt man mit Distanz auf die Ideen *Bhagwans*, so kann man zu seinen religionskritischen Aussagen nicht schweigen: Er hat alle Religionen pauschal als »lauter Hokuspokus« bezeichnet. Oft wurde gefragt, ob dieses harte Urteil nicht auch auf ihn selbst zurückfällt.

Bibelforscher, → *Zeugen Jehovas*

Blavatsky, Helena Petrowna (1831-1891), deutsch-russische Gründerin der Theosophischen Gesellschaft. In der Literatur wird sie als bedeutendste Okkultistin des 19. Jahrhunderts oder auch als Stammmutter der → *Esoterik* bezeichnet. Die extravagante und exzentrische Frau, die einem adligen Elternhaus entstammte, begann schon früh gegen ihre Umgebung zu rebellieren. Von Kindheit an mit übersinnlichen, sog. medialen Fähigkeiten ausgestattet, betätigte sie sich auch als spiritistisches Schreibmedium. Im Alter von 17 Jahren heiratete sie einen 60-jährigen General, verließ ihn jedoch nach kurzer Zeit, um von dort an ein unstetes Wanderleben zu führen. Sie bereiste angeblich mehrere Länder und Kontinente und kam dabei mit verschiedenen religiösen und magischen Traditionen in Kontakt. Besonders die Jahre zwischen 1848 und 1873 liegen in *Blavatskys* Lebenslauf im Dunkeln und werden von ihren Anhängern und Hagiographen oft mit legendenhaften Zügen ausgeschmückt. Demnach habe sie Reisen zu den ausgefallensten Orten in Zentralasien, Indien, Südamerika, Afrika und Osteuropa unternommen. Auch Tibet soll sie bereist haben, was aber höchst unwahrscheinlich sein dürfte. Einen wichtigen Abschnitt in ihrer Biografie bildet zunächst ihre spiritistische »Karriere«: Über 25 Jahre hinweg betätigte sie sich als spiritistisches Medium und stellte auf diese Weise den Kontakt zur Geisterwelt her – mit wechselhaftem Erfolg. Oft wurde ihr Betrug vorgeworfen. 1873 gelangte sie nach New York. Die ihr verbleibenden 18 Jahre bis zu ihrem Tod zählten sicherlich zu den wichtigsten und produktivsten: In diese Zeit fiel neben der Gründung der Theosophischen Gesellschaft (1875) auch die Abfassung ihrer grundlegenden Werke moderner Esoterik: *Isis entschleiert* (1877) sowie *Die Geheimlehre*, die ihr angeblich von ihren Meistern eingegeben wurde. Diese beiden Bücher haben für die Esoterik die grundlegenden weltanschaulichen Grundlagen geliefert. 1874 lernte *Blavatsky* ihren späteren wichtigen Weggefährten, den Oberst i.R. *Henry Steel Olcott* (1832-1907) kennen. Mit ihm gründete sie zu Okkultismus-Studien die legendäre Theosophische Gesellschaft. 1879 reiste sie nach Indien und trat 1880 in Ceylon zum Buddhismus über. Zwei Jahre später wurde das Hauptquartier der Theosophischen

Gesellschaft nach Adyar bei Madras verlegt, wo es sich heute noch befindet. Seit dieser Zeit behauptete *Blavatsky*, sie erhalte Kundgaben von persönlichen Meistern oder Mahatmas. Als es 1884 zu einem öffentlichen Skandal um die »Meisterbriefe« und zu Betrugsvorwürfen kam, forderte Präsident *Olcott* sie auf, ihre Ämter innerhalb der Theosophischen Gesellschaft aufzugeben und Indien zu verlassen. Die letzten Jahre verbrachte *Blavatsky* in London, wo sie am 8. Mai 1891 verstarb. Drei Jahre zuvor hatte sie *Die Geheimlehre* verfasst, ein Werk, in dem sie den Gedanken ihrer neuen Ersatzreligion weiter entfaltete und – so der Untertitel – »die Synthese von Wissenschaft, Religion und Philosophie« anstrebte. Zu den zentralen Inhalten zählen u. a. eine zyklisch-evolutionäre Reinkarnationsvorstellung und die Idee einer esoterischen Ur-Weisheit bzw. geheimen Lehre, die allen Religionen zugrunde liegen soll.
→ *Okkultismus*, → *Reinkarnation*, → *Spiritismus*, → *Theosophie / Theosophische Bewegung*

Bonnke, Reinhard, → *Christus für alle Nationen*

Boston Church, → *International Churches of Christ*

Bo Yin Ra, eigentl. *Anton Schneiderfranken* (1876-1943), Künstler, der zahlreiche Landschaftsbilder hinterlassen hat. Er lebte seit den 1920er-Jahren in der Schweiz und schrieb zahlreiche Bücher zu religiös-mystischen Themen. Die Werke sollten die Menschen zum »schrittweisen Erwachen des eigenen geistigen Wesens« führen. Heute gibt es in 35390 Giessen eine deutsche Bo-Yin-Ra-Stiftung. Die Anhänger bilden keine strenge Organisation, sondern wissen sich lediglich durch das Schrifttum miteinander verbunden. Selbst in großen Tageszeitungen findet man immer wieder Werbeanzeigen für das Schrifttum.

Brennglas, Verlag aus dem Umfeld des → *Universellen Leben*, der mit teilweise martialischen Broschüren gegen die industrielle Tierhaltung und Tierverwertung Stellung bezieht, um potenzielle Interessenten an die Ideologie des Universellen Leben heranzuführen.

Bruderschaft der Menschheit, → *Universale Kirche*

Bruno Gröning-Freundeskreis (BGF), eine auch unter der Bezeichnung Kreis für geistige Lebenshilfe im Umfeld der → *Esoterik*-Szene werbende Heilungsgruppe, die in letzter Zeit insbesondere über die → *Medizinisch-Wissenschaftliche Fachgruppe* in Erscheinung tritt. Nicht zuletzt durch seine geschickten Aktivitäten (u. a. intensive Vortragsarbeit) konnte der BGF in den letzten Jahren hohe Zuwachszahlen in Deutschland, aber auch in Osteuropa verzeichnen. Mit dem aus eigenen Kräften gedrehten Spielfilm *Der Wunderapostel* und zuletzt mit dem Dokumentarfilm *Das Phänomen Bruno Gröning*, der seit Anfang 2004 in den Kinos läuft, konnte der BGF eine breitere Öffentlichkeit erreichen.

Der BGF wurde 1979 von der früheren österreichischen Lehrerin *Grete Häusler* ins Leben gerufen. Eigenen Angaben zufolge war sie selbst von dem Wunderheiler *Bruno Gröning* (1906-1959) geheilt worden. 20 Jahre nach dessen Tod gründete sie den BGF, um das Werk *Grönings* fortzuführen. Geworben wird mit Slogans wie »Heilung auf geistigem Wege durch die Lehre *Bruno Grönings* medizinisch beweisbar« oder »Vertraue und glaube, es hilft, es heilt die göttliche Kraft«. Durch den Heilstrom *Grönings* werde – so die Auffassung des BGF – Heilung bewirkt – »selbst von chronischen, degenerativen und schweren organischen Leiden«. Wie es heißt, sei es dem Menschen möglich, mithilfe einer »entsprechenden Körper- und Geisteshaltung«, »die göttliche Kraft aufzunehmen«. Dabei könne der Heilstrom im Körper verspürt werden. Nach Ansicht des BGF wirkt dieser Heilstrom auch nach dem Tod *Grönings* weiter, nunmehr aus dem Jenseits. Als mögliche »Antennen« für die Aufnahme des Heilstroms dienen Porträt-Fotos *Grönings*, denen gruppenintern eine magische Heilungskraft zugeschrieben wird. Der »Wunderheiler« *Bruno Gröning* wurde 1906 in Danzig geboren und wuchs im katholischen Glauben auf. Nach der Hauptschule absolvierte er verschiedene Ausbildungen, die er aber nie ganz abschloss. Mit Gelegenheitsarbeiten verdiente er sich seinen Lebensunterhalt. 1948 unternahm er erste Heilversuche. Großes öffentliches Aufsehen erregte der 1949 von *Gröning* zunächst angeblich erzielte Heilungserfolg an dem achtjährigen an progressiver Muskeldystrophie leidenden *Dieter Hülsmann*, der sechs Jahre später jedoch verstarb. Nach einem Auftrittsverbot in Nordrhein-Westfalen zog *Gröning* nach Rosenheim, später nach Hamburg. Trotz kritischer Stellungnahmen namhafter Ärzte führten Mundpropaganda und Sensationsberichte in der Presse zu Massenversammlungen von Kranken, die von *Gröning* geheilt werden wollten. 1954 und 1958 kam es zu Gerichtsprozessen gegen den »Wunderheiler«, wegen des Verstoßes gegen das Heilpraktikergesetz sowie wegen Körperverletzung, und es wurde ihm die Heiltätigkeit untersagt. Zunächst als Heil-

praktikergehilfe tätig, erfand *Gröning* die Staniolkugeln, die er als Akkumulatoren seiner Heilkräfte betrachtete, weil er sie mit entsprechenden persönlichen Kraftträgern versah (Haare, Finger- und Zehnägel u. a.). Er selbst verstand sich als Vermittler des göttlichen Heilstroms, der seinen Ursprung – so seine Auffassung – beim »Herrgott« nimmt. 1959 erlag *Gröning* in Paris einem Krebsleiden. Sein Grab befindet sich in Dillenburg. Spätere *Gröning*-Anhänger deuteten sein Krebsleiden als stellvertretendes Leiden für andere. Außerdem gehen sie davon aus, dass er infolge des gegen ihn verhängten Heilungsverbotes innerlich verbrannt sei, da der Heilstrom nicht mehr aus seinem Körper austreten konnte. Der Lebenslauf *Grönings* in der Version seiner Anhänger gewinnt immer mehr legendäre Züge. So soll *Gröning* schon als Kind seine heilerischen Fähigkeiten an Tieren demonstriert haben.
Unter *Grete Häusler* kam es im BGF zur stärkeren Systematisierung der Lehre und – wie Kritiker vorwerfen – zu Eingriffen bzw. eigenmächtigen Korrekturen der ursprünglichen Auffassungen *Grönings*. Im BGF wird *Gröning* nunmehr zur Heilsfigur und zum Erlöser hochstilisiert. In Publikationen ist die Rede davon, dass *Gröning* die Verbindung zwischen Gott und Menschen wiederhergestellt habe: »Die Erde droht zu zerspringen. Ich aber lege einen Ring herum, dann kann sie nicht zerspringen.«
Die *Gröning*-Anhänger treffen sich regelmäßig in örtlichen »Gemeinschaftsstunden«. Dort versammeln sie sich vor einem Bild *Grönings* zu meditativer Musik und Vorträgen. Von zentraler Bedeutung ist jedoch das »Einstellen in offener Haltung«: Die Anwesenden sitzen aufrecht auf ihren Stühlen, die Hände ruhen auf den Oberschenkeln, die Handflächen zeigen nach oben. Damit soll der

Heilstrom aufgenommen werden. Eine wichtige Rolle spielen bei den Zusammenkünften auch Erfolgsberichte über selbst erlebte oder miterlebte Heilungen. Interne Schulungsbriefe mit Erfolgsberichten von *Gröning*-Anhängern können innerhalb der Gruppe den Erfolgsdruck auf Personen, bei denen Heilungserfolge ausbleiben, erhöhen. Im Kinderschulungsbrief der Bruno-Gröning-Freunde wird schon Kindern *Bruno Gröning* als »Über-Mensch« nahe gebracht. Im deutschsprachigen Raum soll es eigenen Angaben zufolge rund 20 000, weltweit gar bis zu 50 000 Anhänger geben. Neuerdings knüpft der BGF – offensichtlich zu Werbezwecken – verstärkt an esoterische Vorstellungen (u. a. Prana, Chi) an. In den letzten Jahren hat der BGF seine publizistischen Aktivitäten deutlich vergrößert, um Menschen für den Heilstrom *Grönings* zu gewinnen. Dies gelingt ihm durch die intensive Vortragsarbeit der → *Medizinisch-Wissenschaftlichen Fachgruppe* und nicht zuletzt durch Werbeaktivitäten im Umfeld der → *Esoterik-Szene.* In organisatorischer Hinsicht wird der BGF getragen vom Kreis für geistige Lebenshilfe mit Sitz in Hennef/Sieg. Präsidentin ist *Grete Häusler*, die auch den Grete Häusler Verlag führt. Er verlegt und vertreibt einschlägige Bücher, Videos, CDs und Bilder von *Gröning.* Kritiker werfen dem BGF sektenhafte Züge vor. Ebenso wird der vom BGF behauptete wissenschaftliche Nachweis der Wirkung des Heilstroms stark angezweifelt, da der BGF ein okkult-magisches Weltbild vertritt.

Bund der Rose, eine kleine Gemeinschaft von Anhängern angeblich neu offenbarter Texte Johannes des Täufers, die sich in den 1980er-Jahren um ein namentlich nicht näher bezeichnetes Medium im südbayrischen Bad Feiln-

bach gesammelt hat. Die namentlich nicht genannte Person soll »mediale Botschaften von den geistigen Lehrern Jona (dem Propheten) und Emanuel, einem Essener-Meister zur Zeit Johannes des Täufers und Jesus« empfangen haben. Seit Dezember 1991 übermittelt Johannes der Täufer durch ein weiteres auserwähltes Medium Neuoffenbarungen. Der Empfänger dieser Botschaften wird als »Mein Werkzeug«, dann »Mein Lehensmann auf Erden« bzw. »Wächter meines Lebens auf Erden« bezeichnet. Der in 83512 Wasserburg Bad Feilnbach ansässige Poss-Verlag bildet das publizistische Zentrum zur Verbreitung der stark endzeitlich gefärbten Botschaften. Über www.elija.de wirbt diese Gemeinschaft für ihr Gedankengut im Internet. Über E-Mails werden Personen, u. a. aus dem kirchlichen Bereich, gezielt angeschrieben und auf die nach Meinung der Anhänger wichtigen Mitteilungen hingewiesen. Mit ihrem besonderen Wahrheitsanspruch hat sich diese Gruppe von biblischen Grundüberzeugungen entfernt.
→ *Offenbarungen, neue*

Bund Evangelisch-Freikirchlicher Gemeinden in Deutschland, → *Baptisten*

Bund Freier Evangelischer Gemeinden, → *Freie evangelische Gemeinden*

Bund Freikirchlicher Pfingstgemeinden, Körperschaft des Öffentlichen Rechts, Dachverband von etwa 470 Gemeinden aus dem Spektrum der → *Pfingstbewegung*. Der Bund vertritt etwa 45 000 Mitglieder. Diese verbindet der Glaube an den Dreieinigen Gott und die Gültigkeit der Bibel. Sie haben ein persönliches Bekenntnis zu Jesus Christus abgelegt und erwarten in besonderer Weise das Wirken des heiligen Geistes. In 64390 Erzhausen / Darmstadt unterhält der Bund eine Ausbildungsstätte (= BERÖA) für den Pastorennachwuchs. Die Zeitschrift des Bundes heißt *Wort und Geist*.

Bund Freireligiöser Gemeinden Deutschlands, Körperschaft des Öffentlichen Rechts, Dachverband freireligiöser Gemeinschaften in Deutschland. Entstanden sind die Freireligiösen Gemeinden Mitte des 19. Jahrhunderts aus Protestbewegungen gegen die katholische und die evangelische Kirche. Gemeinsam ist den Freireligiösen die Ablehnung kirchlicher Dogmen. Es gibt keine einheitlichen Gottesvorstellungen. Einige Freireligiöse lehnen die Existenz Gottes vollständig ab, andere glauben, Gott in allen Lebewesen und in der Natur finden zu können. Schon bald organisierten die Freireligiösen einen eigenen Religionsunterricht und die Jugendweihe. Anfang des 20. Jahrhunderts kam es zu einer Spaltung der Bewegung: Jene, die frei in der Religion sein wollten, blieben freireligiös, andere wollten frei von aller Religion leben und gründeten die Freidenker. Heute leben die Freireligiösen Gemeinden eher unauffällig. Zentren finden sich in Baden, Hessen und der Pfalz. Es dürfte etwa 40 000 Freireligiöse in Deutschland geben.

Bürgerrechtsbewegung Solidarität (BüSo), 1992 gegründete Bewegung, in deren Zentrum *Lyndon LaRouche* (geb. 1922) und inzwischen auch immer häufiger dessen Ehefrau *Helga Zepp-LaRouche* (geb. 1948) stehen. Die Standpunkte der Bewegung sind nur schwer auf einen

Nenner zu bringen; sie schwanken zwischen politisch rechten und linken Positionen. Gemeinsam ist ihnen lediglich die Feststellung, dass die Welt am Abgrund steht und allein die Ideen *Lyndon LaRouche's* Hilfe verheißen. Im Bundestagswahlkampf 1998 warb die Bewegung vielfach mit dem Slogan: »Weltfinanzsystem vor dem Supergau!« Ähnliche Töne prägten auch die Wahlkampfauftritte im Vorfeld der Europawahl 2004. Diese Reduktion der Vielfalt auf einen Aspekt dürfte auch der Grund dafür sein, dass bei Sektenexperten immer wieder nach der BüSo und den Zweigorganisationen gefragt wird, obwohl es sich nicht um eine religiöse Gemeinschaft handelt. Formal ist die BüSo eine Partei.

In die Öffentlichkeit tritt die BüSo immer wieder mit einem »antimonetaristischen Wirtschaftskonzept«, welches in dem »produktiven Dreieck« Paris – Berlin – Wien verwirklicht werden soll. Ein Teil dessen ist der Vorschlag, weitreichende Transrapid-Verbindungen aufzubauen. Jüngst ist viel von einem zu befürchtenden Zusammenbruch des internationalen Finanzsystems die Rede: »Das globale Finanzsystem ist am Ende!« Ausfällig ist auch, wie die BüSo mit abweichenden politischen Positionen umgeht: Flott werden Andersdenkenden »Nazi-Methoden« nachgesagt. Auf Veranstaltungen ist mitunter zu hören, dass andere Bildungsmodelle lediglich »trainierte Affen« hervorbringen. Immer häufiger findet man auch die Vorstellung von Verschwörungen: So wird davon ausgegangen, dass die eigentlichen Akteure der Politik im Verborgenen handeln und »die Fäden in der Hand halten«. Dies wird jedoch (so meint man) von den Medien verschwiegen (→ *Verschwörungstheorien*).

Wiederholt hat *Lyndon LaRouche* in den USA bei Präsidentschaftswahlen kandidiert – zuletzt im Jahre 2004 – und immer erfolglos. In Deutschland koordiniert *Helga LaRouche* die Bemühungen um politischen Einfluss. Zu diesem Zweck wurden u. a. 1992 die Partei Bürgerrechtsbewegung Solidarität, bzw. bereits in den 1980er-Jahren deren Vorgänger Europäische Arbeiterpartei sowie die Patrioten für Deutschland gegründet. Das ebenfalls in den 1980er-Jahren gegründete Schiller-Institut – Vereinigung für Staatskunst könnte man als den kulturellen Ableger der Bewegung bezeichnen. Hier ist auch die Zeitschrift *Ibykus. Zeitschrift für Poesie, Wissenschaft und Staatskunst* beheimatet. Als politisches Verlautbarungsorgan verfügt man über die in Wiesbaden erscheinende Wochenzeitung *Neue Solidarität.*
Bei Bundestags- und Europawahlen hat die BüSo häufiger mit dem Slogan »Wir haben das Patentrezept« auf sich aufmerksam gemacht. Die Wahlerfolge waren jedoch minimal. Vermutlich liegt das Interesse der BüSo an einer anderen Stelle: Im Vorfeld der Wahlen wird allen beteiligten Parteien Sendezeit im Fernsehen und im Radio zur Verfügung gestellt. Für kleine Parteien ist das eine attraktive Form der Werbung und Öffentlichkeitsarbeit.

C

CAUSA, → *Vereinigungsbewegung*

Channeling, (= Kanalisieren bzw. Kanal sein), eine in der → *Esoterik-Szene* verbreitete Vorstellung bzw. Praxis, wonach eine auserwählte Person (= Channel-Medium) direkte Botschaften von Aufgestiegenen Meistern, höheren Bewusstheiten oder religiösen Autoritäten über automatisches Schreiben, Stimmen hören oder innere Diktate empfangen kann. Auf dem esoterischen Buchmarkt gibt es eine Reihe von Titeln, die angeblich → *Gespräche mit Gott* dokumentieren oder durch Kontakt mit höheren Wesenheiten, Engeln, Außerirdischen (→ *Kryon*) oder Jesus Christus entstanden sein sollen. Im Zusammenhang mit der → *Ufo-Bewegung* in den 1950er-Jahren kam es zum ersten Mal auf telepathischem Wege, d. h. durch Gedankenübertragung zum Empfang von Botschaften, die Außerirdischen oder Ufo-Besatzungen zugeschrieben wurden. In den 1960er- und 1970er-Jahren wurde Channeling in den USA und dann auch in Europa populär. Hier erlebte es im Zusammenhang mit der neuen Religiosität eine Konjunktur. Im Zusammenhang mit Channeling sind z. T. sehr umfangreiche Lehr- und Schulungsbücher entstanden, die nach esoterischer Interpretation höheren »Bewusstheiten« wie z. B. Seth oder Jesus Christus (→ *Ein Kurs in Wundern*) zugeschrieben werden. Eigenen Angaben zufolge dienen sie zur Entfaltung der eigenen Spiritualität. Aktuelles Channeling wird darüber hinaus in esoterischen Beratungsstunden zur Lebenshilfe angeboten bzw. zur Ergänzung esoterischer Heilungsangebote

(→ *Reiki*) eingesetzt. Die zunehmende Kommerzialisierung bzw. Banalisierung einschlägiger Angebote wird inzwischen auch in der Esoterik-Szene beklagt. Für die Nutzer einschlägiger Channeling-Angebote ist die Gefahr der Abhängigkeit vom Empfänger dieser Botschaften gegeben. Manche Anbieter, die oftmals über keine anerkannte bzw. professionelle Ausbildung verfügen, geben den Rat, den kritischen Verstand »auszuschalten«. Dies führt im persönlichen Bereich zu enormen Konflikten – vor allem dann, wenn sich der Ratsuchende kritiklos den unprofessionellen Lebensratschlägen aus angeblich höheren Sphären unterwirft und sich in der individuellen Lebensgestaltung von ihnen abhängig machen lässt.
→ *Gespräche mit Gott*
→ *Spiritismus*

Christen-folgen-Jesus.de, Homepage einer Gemeinschaft, die Wert darauf legt, keinen Namen zu haben und folglich auch keine feste Organisation zu bilden. Da man zum Zwecke der Unterscheidung jedoch Namen benötigt, wird diese Gruppe von Außenstehenden nach dem Namen des Gründers, *Gottfried Holic* bezeichnet: → *Holic-Bewegung*.

Christengemeinschaft (CG), von *Friedrich Rittelmeyer* (1872-1938) und anderen im Jahre 1922 in Dornach (Schweiz) gegründete Religionsgemeinschaft, welche die Impulse der → *Anthroposophie* für die Religion fruchtbar zu machen versucht. Die CG versteht sich als eine »Bewegung für religiöse Erneuerung«. Zentrales Anliegen der Gründer war es, das Element des Kultus neu in das religiöse Leben einzuführen. *Rittelmeyer* sowie der geistige Vater der CG, *Rudolf* → *Steiner*, sahen hier eine besondere Schwä-

che des Protestantismus. Die Gottesdienste der CG heißen »Menschenweihehandlung«. Grundlage des Glaubens ist die Bibel, jedoch spielen bestimmte Erkenntnisse der Anthroposophie eine Rolle. Umstritten ist, welchen Stellenwert diese anthroposophischen Anteile haben: Die ökumenischen Kirchen kritisieren, dass mit der Anthroposophie eine zweite Offenbarungsquelle neben die Bibel getreten ist. Das weist die CG zurück. In ihren Augen gibt die Anthroposophie keine neue Offenbarung, sondern sie erschließt lediglich ein »Organ für Offenbarung«. Diese Frage wird nach wie vor kontrovers diskutiert. Klar ist jedoch, dass *Rudolf Steiner* von großer Bedeutung für die CG ist. So wurden die Texte für die Rituale von *Steiner* verfasst. Bereits der erste Artikel des Glaubensbekenntnisses, ebenfalls von *Steiner* formuliert, zeigt, wie sehr sich die Sprache vom biblischen Befund entfernt hat. Dieser lautet: »Ein allmächtiges, geistig-physisches Gotteswesen ist der Daseinsgrund des Himmels und der Erde, das väterlich seinen Geschöpfen vorangeht.«
Wichtig für die CG sind die Vorstellungen von → *Reinkarnation* und Karma. Man geht davon aus, dass sich der Wesenskern des Menschen wiederholt inkarniert und wir folglich die Erfahrung mehrerer Erdenleben machen. Karma bedeutet in diesem Zusammenhang, dass bestimmte individuelle Gegebenheiten (z. B. Krankheiten) in früheren Leben begründet sein können. Folglich hat das Sakrament der Beichte in der CG eher die Bedeutung einer »Schicksalsberatung«. Die CG ist eine der wenigen christlichen Gemeinschaften, die Reinkarnationsvorstellungen kennen. Die großen christlichen Kirchen weisen diese Vorstellungen zurück und verweisen auf die Einmaligkeit des menschlichen Lebens.

Umstritten ist auch die Taufe der CG. Die ökumenischen Kirchen erkennen diese nicht als gültig an, da sie anders vollzogen und mit einer anderen Intention unterlegt ist. Die CG erkennt jedoch ihrerseits die Taufen der anderen christlichen Kirchen an.
Wie in der römisch-katholischen bzw. orthodoxen Tradition kennt die CG sieben Sakramente: Taufe, Konfirmation, Menschen-Weihehandlung (Altarsakrament), Beichte, Trauung, Priesterweihe und Sterbesakrament. Die Gottesdienste erinnern an die katholische Liturgie; man kennt Messgewänder, Ministranten, Weihrauch und eine bestimmte Choreographie. Das Zentrum der CG ist in Stuttgart. Hier befindet sich auch das traditionsreichste Priesterseminar. Seit 2001 gibt es ein Seminar in Hamburg und seit 2003 erstmals ein Seminar außerhalb des deutschen Sprachraums, und zwar in Chicago.
Gemessen an dem Wachstum, das die → *Kirche Jesu Christi der Heiligen der Letzten Tage* (= *Mormonen*), die → *Neuapostolische Kirche* oder die → *Zeugen Jehovas* in den vergangen Jahrzehnten genommen haben, sieht der Zulauf der CG bescheiden aus. In Deutschland hat sie etwa 10000 Mitglieder bei einem deutlich größeren Freundeskreis. Man betreibt keine Mission im klassischen Sinn, dennoch bemüht man sich um Ausbreitung der eigenen Ideen. Weltweit gibt es etwa 20000 Mitglieder. Die CG hat eine beachtliche Fülle von Literatur hervorgebracht, die überwiegend im Stuttgarter Verlag Urachhaus erscheint. Die Gemeinschaft ist zweifellos die intellektuell anspruchsvollste der kleineren Religionsgemeinschaften.

Christian Assemblies International, im weiteren Sinne eine Abspaltung von den → *Assemblies of God.* 1991 von *Scott Williams* gegründete, überwiegend im deutschsprachigen Raum und in Australien verbreitete Gemeinschaft. Sie steht der → *Pfingstbewegung* nahe, geht jedoch in vielen Fragen weit über die traditionelle Pfingstbewegung hinaus: So wird beispielsweise die sog. Zungenrede nicht nur als eine Gabe angesehen, sondern auch »geübt«. Die Anhänger sind gehalten, den Verstand abzuschalten, um sich so besser Gott hingeben zu können. Zur Hingabe an Gott gehört auch die Unterordnung unter die geistliche Leitung bzw. unter Personen, die im Glauben »weiter« sind. Aussteiger berichten, dass das tägliche Leben bis in Details von der Gemeinschaft geregelt wird. Mitunter werden in der modernen Rockmusik, aber auch in Fantasiegestalten der TV-Unterhaltung (z.B. Teletubbies) dämonische Einflüsse befürchtet. Aufgrund des hohen Exklusivitätsanspruchs bestehen keine nennenswerten Kontakte zu anderen Glaubensgemeinschaften.

Christian Science, →*Christliche Wissenschaft*

Christliche Wissenschaft (CW), in zahlreichen Ländern verbreitete Religionsgemeinschaft. Weltweit als *Christian Science* (nicht zu verwechseln mit → *Scientology*) bekannt. Gründerin und bis heute unumstrittene Autorität ist *Mary Baker Eddy* (1821-1910). Schon als Kind litt sie an verschiedenen Krankheiten, eine Erfahrung, die sie für die Frage nach dem Zusammenhang von Gesundheit, Heil und Heilung geöffnet haben dürfte. 1866 erlebte sie eine Heilung nach einem Unfall, obwohl aus medizinischer

Sicht kaum Aussicht auf Heilung bestanden haben soll. So entdeckte sie »die göttlichen Gesetze von Leben, Wahrheit und Liebe«. Dieses »göttliche Prinzip« nannte sie Christian Science. Diese Einsichten bilden den Inhalt ihres inzwischen sehr weit verbreiteten Hauptwerkes mit dem bezeichnenden Titel *Wissenschaft und Gesundheit mit Schlüssel zur Heiligen Schrift.* 1879 gründete *Eddy* in Boston die Church of Christ, Scientist, die den Zweck haben sollte, »die Worte und Werke [von Christus Jesus] in Erinnerung zu bringen und dadurch das ursprüngliche Christentum und sein verloren gegangenes Element des Heilens wieder einzuführen.« 1908 gründete sie die Tageszeitung *The Christian Science Monitor*, die auch heute noch erscheint und wegen ihrer journalistischen Qualitäten hoch geachtet wird. Am 3. Dezember 1910 starb *Eddy* in Boston. Am 14. Oktober 1995 wurde sie in die National Women's Hall of Fame in den USA aufgenommen.

Das Hauptwerk von *Mary Baker Eddy* ist eine eher unsystematische Zusammenstellung ihrer wichtigsten Gedanken, die jedoch ein anspruchsvolles religiös-philosophisches System bilden. Danach ist Gott das zentrale Prinzip der »Wissenschaft aller Wissenschaften«. Alles Unvollkommene und Böse, also Krankheit, Tod und die Materie gehört nicht zur Wirklichkeit Gottes. Der Mensch muss sich folglich von dem Irrtum der Materie und des Bösen befreien, diesen gleichsam ihre »Tatsächlichkeit« nehmen und kann somit in Harmonie zu Gott treten,

Vereinfacht kann man sagen, dass die CW die Materie nicht als Realität ansieht; mit anderen Worten: Jede Materie und auch das Leiden sind Schein oder Täuschung, indem sie vor Gott unwirklich sind. Damit bewegt sie sich jedoch im Widerspruch zum traditionellen christlichen Verständnis, wonach die Materie in den Bereich der guten Schöpfung gehört. (Vgl. 1. Mos 1,31) *Eddys* Gottesbegriff schwankt zwischen personalen und apersonalen Kennzeichnungen unentschieden hin und her. »Gott ist Gemüt, Geist, Seele, Prinzip, Leben, Wahrheit, Liebe, die unkörperlich, göttlich all erhaben, unendlich sind.« Dass ein unendlicher Geist in endlicher Weise Gestalt annehmen könne, schließt *Eddy* ausdrücklich aus. »Ein unendliches Gemüt (= Mind) in einer endlichen Form ist absolut unmöglich.« Und so gilt, real sei nur die Harmonie Gottes. »Was Er erschafft, ist gut. Somit ist die einzige Wirklichkeit von Sünde, Krankheit und Tod die schreckliche Tatsache, dass dem menschlichen, irrenden Glauben Unwirklichkeiten wirklich scheinen, bis Gott ihnen ihre Tarnung herunterreißt. Sie sind nicht wahr, denn sie sind nicht von GOTT«.

Ein wichtiges Element persönlicher Glaubenspraxis ist das Gebet. Jedoch legen die ökumenischen Kirchen Wert auf die Feststellung, dass beispielsweise das »Vater Unser« aufgrund einer Interpretation von Eddy anders verstanden wird. So lautet die Bitte »Und führe uns nicht in Versuchung« bei Christian Science »Und Gott führt uns nicht in Versuchung ...« Die CW kennt keine Sakramente. Mit der Gründung der Bostoner The First Church of Christ, Scientist im Jahre 1892 versuchte *Eddy*, ihrem Werk Dauer und Halt zu geben. Die Bostoner »Mutterkirche« (= The First Church of Christ, Scientist) hat weltweit Zweiggemeinschaften, die in enger Beziehung zu ihr stehen, sich aber selbst verwalten. Das 1895 erschienene *Church Manual* (= Kirchenhandbuch) regelt bis heute die Tätigkeiten der Mutterkirche und die Beziehung zu

den Zweigkirchen. Für *Eddy* war es von zentraler Bedeutung, dass ihre Lehre unverändert überliefert wird. Dafür garantiert der fünfköpfige Vorstand der Christlichen Wissenschaft der Mutterkirche in Boston. Er gibt zur Verbreitung der Lehre mehrere Zeitschriften und die sog. »Bibellektionspredigten« heraus, die im sonntäglichen Gottesdienst überall auf der Welt verlesen werden. Der Gottesdienst wird unter puritanisch einfachen Formen in einem Raum abgehalten, dessen auffälligster Gegenstand ein doppelt breites Lesepult bildet. Hier führen zwei »Leser« durch den Gottesdienst, vor allem mit der Lektüre biblischer Texte und *Eddys* Texten aus *Wissenschaft und Gesundheit.* Das Hauptwerk von *Mary Baker Eddy*, *Wissenschaft und Gesundheit mit Schlüssel zur Heiligen Schrift*, wurde bereits in 17 Sprachen übersetzt und ist weltweit in etwa 10 Millionen Exemplaren verbreitet. Da an dem Text keinerlei Veränderungen vorgenommen werden dürfen, erscheinen Übersetzungen immer zweisprachig: Links der englische Originaltext von *Eddy*, rechts die jeweilige Übersetzung. Das Buch genießt höchstes Ansehen.
Die CW ist in 70 Ländern vertreten. Es gibt etwa 2200 Zweigkirchen (= Gemeinden). Da die Mitglieder nicht gezählt werden, kann deren Zahl nur geschätzt werden. Es dürfte in Deutschland etwa 2000 Anhänger geben. In den Gemeinden lässt sich eine gewisse Überalterung feststellen. In einigen Bundesländern ist die CW als Körperschaft des öffentlichen Rechts anerkannt.
Das neue Interesse an alternativer Medizin, Wellness und sog. »Ganzheitlichkeit« hat nicht zu einem neuen Interesse an der CW geführt. Aus Sicht der ökumenischen Kirchen ist die CW keine Wissenschaft, sondern eine nach-

christliche, geistig-meditative Methode, die christliche Elemente aufgreift. Trotz dieser Kritik muss man einräumen, dass die Bemühungen vieler Anhänger der CW um Heiligung des Lebens und um eine vertiefte Gebetspraxis Respekt und Achtung verdienen.

Christus für alle Nationen (CfaN), internationales Missionswerk, gegründet von *Reinhard Bonnke. Bonnke*, geb. 1940 in Norddeutschland, wuchs in einer Familie auf, die der → *Pfingstbewegung* nahe stand. Bereits im Alter von 27 Jahren ging er als Missionar für eine Pfingstgemeinde nach Südafrika. 1975 gründete er CfaN, eine Initiative, die fortan mit Groß- und Heilungsevangelisationen vorrangig in Afrika in die Schlagzeilen geriet. Auch die Aktion »Vom Minus zum Plus«, die 1994 im deutschsprachigen Kontext für Aufmerksamkeit sorgte, war dem Umfeld von CfaN zuzurechnen. Finanziert werden diese Projekte mittels Spenden, die überwiegend in Deutschland gesammelt werden. *Bonnkes* Großevangelisationen sind Massenveranstaltungen. Mitunter kommen hunderttausende Menschen zusammen. Fast immer treten Personen auf, die berichten, dass sie während der laufenden Veranstaltung Heilung von schweren Krankheiten erlebt haben. Solche Heilungsberichte verstärken den Zulauf – zumal unter Menschen, die sich keine medizinische Versorgung leisten können. Eine seriöse Überprüfung der Heilungsberichte findet nicht statt. Kritiker bemängeln, dass die Großveranstaltungen zwar möglicherweise faszinieren, aber kaum dazu geeignet sind, Menschen dauerhaft zum christlichen Glauben zu führen. Das gilt umso mehr, als alle Großveranstaltungen zuerst nach gruppendynamischen Gesetzen funktionieren. Die Begeisterung in einem Stadion sagt schließlich wenig über den Geist aus, der hier wirkt. Auch theologisch sind *Bonnke* bzw. CfaN kritisch zu sehen: Erfolg und Wohlstand sind keine überzeugenden Kriterien des Evangeliums.

Church of Satan, → *La Vey, Szandor Anton,* → *Satanismus*

Citizens Commission on Human Rights (CCHR), 1969 in Los Angeles gegründete Organisation, die ähnlich wie die deutsche → *Kommission für Verstöße der Psychiatrie gegen Menschenrechte* die moderne Psychiatrie scharf angreift, um Menschen für die Ideen der → *Scientology-Organisation* zu interessieren. Die CCHR ist eine Einrichtung der Scientology-Organisation.

cMv-Adventbotenmission, eine von zahlreichen Abspaltungen von der Freikirche der → *Siebenten-Tags-Adventisten.* Verwirrend ist die Lage dadurch, dass die cMv-Adventbotenmission auch als Adventist Public Relations (APR) oder unter dem Namen mission 7 bzw. als mission 7 der Siebenten-Tags-Advent-Sabbat-Mission auftritt. Der Initiator, *Ed Sheldon* wurde jedoch 1994 aus der Münchner Gemeinde der Siebenten-Tags-Adventisten ausgeschlossen. Daraufhin gründete er mit einigen Anhängern das eigene Missionswerk. Die Bewegung ist klein, erregt aber mit ihren Flugblättern auf Veranstaltungen wie Kirchentagen, Katholikentagen usw. immer wieder Aufsehen.

Conrad, Jo, geb. 1958, einer der einflussreichen Vertreter sog. → *Verschwörungstheorien.* Nach abgebrochener Berufsausbildung arbeitet *Conrad* heute als Taxifahrer. 1996 erschien seine erste Veröffentlichung unter dem Titel *Entwirrungen. Über kosmische Gesetzmäßigkeiten und warum sie uns vorenthalten werden*. Später folgten die Publikationen *Zusammenhänge* (1998) und *Ursprünge* (2000). *Conrad* geht davon aus, dass Geheimorganisationen unsere Welt beherrschen und uns umfangreiche Informationen vorenthalten werden. Er verfasste etliche Artikel in den Zeitschriften *Net-Journal*, *Menschsein*, *Zeitenschrift* und *Magazin 2000*.

Criminon, ein der → *Scientology-Organisation* nahe stehendes Hilfsprogramm zur Resozialisierung Straffälliger. Unter dem Vorwand der Wiedereingliederung wird jedoch für die Ideologie bzw. Technik der Scientology geworben. Der Sitz von Criminon Deutschland ist in 21452 Reinbek.

Crowley, Aleister (»Alick«), eigentl. *Edward Alexander Crowley* (1875-1947), Magier und Okkultist. Er wuchs in einem sehr strenggläubigen christlichen Elternhaus im viktorianischen England auf. Schon bald rebellierte er gegen seine Eltern und identifizierte sich seither mit dem in der Johannesoffenbarung 13,13 genannten apokalyptischen Tier mit der Zahl 666. So bediente er sich auch des Pseudonyms *To Mega Therion* (= Das große Tier). Zeitweilig war er Mitglied mehrerer magischer Okkultlogen, u. a. auch vom »Order of the Golden Dawn«. Dort erhielt er wohl seine prägenden magischen Grundüberzeugungen. Im Jahr 1904 empfing er über seine Frau Rose, die dabei als Medium diente, das *Buch des Gesetzes* von einer Wesenheit »Aiwass«. Später wurde das Werk unter dem Titel *Liber Al vel Legis* veröffentlicht. Es kann als eine der Grundschriften des modernen okkultistisch gefärbten → *Satanismus* betrachtet werden. Später sah *Crowley* sich als Messias eines neuen Zeitalters bzw. als Religionsstifter, dessen Aufgabe die Proklamation eines neuen Gesetzes Thelema (= Wille) sein sollte: »Tu was du willst sei das ganze Gesetz« und »Liebe ist das Gesetz, Liebe unter Willen«. Er gründete um 1905 den Orden Astrum Argenteum (A. A.), in dem ägyptische Rituale gepflegt wurden. Später wandte er sich indischen Praktiken zu (Yoga und Tantrik). Nach weiteren Etappen richtete er 1920 auf Sizilien die Abtei Thelema ein, wo zum Teil Aufsehen erregende und gleichermaßen abstoßende Rituale geübt wurden. Fünf Jahre später tauchte er in Weida (Thüringen) auf, um mit führenden deutschen Okkultisten (u. a. Heinrich Tränker, Eugen Grosche) über die Gründung eines deutschen Zweiges seiner Bewegung zu verhandeln. Dies traf jedoch auf zum Teil erbitterten Widerstand. Nicht alle wollten *Crowleys* Anspruch als Weltenlehrer folgen. Damit setzte innerhalb der deutschen Okkultszene in den 1920er-Jahren eine Spaltung ein. 1947 starb *Crowley* verarmt und drogenabhängig im englischen Hastings. Für verschiedene okkultistische und neosatanistische Richtungen ist *Crowley* jedoch zum wichtigen Ideenlieferanten geworden. So steht für thelemitische Richtungen der wahre Wille für ein bestimmtes Erkenntnisprinzip. Eine besonders starke Rezeption des Thelema-Prinzips findet u. a. in der → *Thelema Society* statt. *Crowley* nimmt für die Geschichte des modernen → *Okkultismus* bzw. moderner Okkultbewegungen sicherlich eine Schlüsselposition ein. Obwohl er selbst kein Satanist war, hat er doch für bestimmte Richtun-

gen des Satanismus wichtige weltanschauliche Weichenstellungen vorgenommen.
→ *Magie*
→ *Okkultismus*

D

De-Vau-Ge, → *Gemeinschaft der Siebenten-Tags-Adventisten*

Dethlefsen, Thorwald, → *Kawwana – Kirche des Neuen Aeon*

Deutsche Friedensregierung, gegründet am 31. August 2003. Sie gehört in das Umfeld der → *Transzendentalen Meditation* (*TM*). Die Friedensregierung will nach eigener Aussage »nicht in Konkurrenz zur existierenden Regierung stehen, die sich in Krisenmanagement und Wahlkämpfen verschleißt, sondern stattdessen auf der Basis von wissenschaftlichen Prinzipien wirksame Programme umsetzen, die Probleme vermeiden, bevor sie entstehen«. Die Friedensregierung hat für die verschiedenen Bereiche politischen Handelns konkrete Vorstellungen. Für den Bereich der Landesverteidigung wird beispielsweise angeregt: »Die Deutsche Friedensregierung verfolgt die Strategie der unbesiegbaren Verteidigung: Ein Präventionsverband aus Yogischen Fliegern verhindert das Entstehen von Feindschaft und schafft einen undurchdringlichen Schutzschild.« Diese mitunter skurril wirkenden Ideen müssen im Kontext der Transzendentalen Meditation gesehen werden.

Deutsches Büro für Menschenrechte, eine Einrichtung der → *Scientology-Organisation.* Das Büro befindet sich in München und organisiert Kampagnen, mit denen das Ansehen der Bundesrepublik Deutschland und ihrer Repräsentanten beschädigt werden soll. So berichtet man immer wieder über vermeintliche religiöse Verfolgung in Deutschland, über »ethnische Säuberungen« und »religiöse Apartheid«. Ziel dieser Kampagnen ist es, Deutschland in der internationalen Öffentlichkeit als einen Staat erscheinen zu lassen, in dem die Religionsfreiheit nicht gewährleistet ist. Als ein Ergebnis dieser Bemühungen kann man werten, dass Deutschland immer wieder in jenen Berichten der US-Regierung erwähnt wird, die Länder anprangern, in denen keine vollständige Religionsfreiheit herrscht. Das Münchner Büro für Menschenrechte muss organisatorisch dem → *Office of Special Affairs* (*OSA*), dem sog. »Geheimdienst« der Scientology-Organisation zugerechnet werden.

Deutsche Unitarier Religionsgemeinschaft, eine Gemeinschaft, unter dem Dachverband Freier Weltanschauungsgemeinschaften. Gemeinsam ist allen Unitariern, dass sie den Glauben an einen dreieinigen Gott ablehnen (unitas, lat. = Einheit). Sie tun dieses jedoch mit unterschiedlichen Begründungen: Die sog. theistischen Unitarier kennen einen Gott, lehnen aber die biblisch-christlichen Vorstellungen von einem Gott in den Erscheinungsformen Gott-Vater, Sohn und Heiliger Geist ab. Die sog. humanistischen Unitarier weisen darüber hinaus die Vorstellung eines göttlichen bzw. überweltlichen Wesens zurück. Dies gilt in besonderer Weise für die Unitarier in Deutschland. Diese stehen in einer gewissen Nähe zu freidenkerischen Positionen, was man auch daran sieht, dass die Deutschen Unitarier Mitglied im → *Dachverband Freier Weltanschauungsgemeinschaften* sind. Die Deutschen Unitarier legen Wert auf die Feststellung, dass sie sich »nach Inhalt und Form grundsätzlich von den überkommenen Kirchen unterscheiden«. Die Unitarier treffen keine Aussagen über das Jenseits, haben keine priesterlichen Ämter, kennen keine kultischen Handlungen und folglich auch keine Sakramente. Die Deutschen Unitarier betrachten sich als »religiöse Nichtchristen«. Damit unterschieden sie sich von einem Teil der weltweiten Unitarier, die sich selbst mitunter als »christlich« verstehen. Die Deutschen Unitarier geben die Zweimonatszeitschrift *Unitarische Blätter für ganzheitliche Religion und Kultur* heraus.

Dianetik, Titel eines 1950 von *Lafayette Ronald Hubbard* (1911-1986) veröffentlichten Buchs, das vollständig lautet: *Dianetics. The Modern Science of Mental Health.* Zuvor hatte *Hubbard* sich als Science-Fiction-Autor einen Namen gemacht. Mit *Dianetics* gelang dem Autor jedoch ein erster kommerzieller Erfolg: Das Buch erschien weltweit in gewaltiger Auflage und markiert das Entstehen der → *Scientology-Organisation* als Ideologie. Heute spricht Scientology von weltweit etwa 50 Millionen verkauften Exemplaren. 1974 erschien eine erste deutsche Übersetzung unter dem Titel *Dianetics: Die moderne Wissenschaft von der geistigen Gesundheit.* Im Laufe der Jahre wurde das Kunstwort Dianetik umgangssprachlich zu einem Synonym für Scientology. Eigentlich leitet sich Dianetik vom griechischen »dia« und »nous« her und bedeutet soviel wie »durch den Geist« oder »den Geist betreffend«. *Hubbard* glaubte, mit der Dianetik eine stimmige

Erklärung des menschliches Verstandes, gleichsam die absolut gültige und richtige Wissenschaft vom menschlichen Geist (= Mind) gefunden zu haben.

E

Eckankar, gegründet 1965 in den USA von *John Paul Twitchell* (gestorben 1971). Eckankar bedeutet Klangstrom oder Gotteskraft. Die Bewegung will »Religion vom Licht und Ton Gottes« sein. Eckankar erhebt den Anspruch, der »älteste Weg zu Gott« zu sein; angeblich sei dieser Weg vor mehreren Millionen Jahren von der Venus auf die Erde gebracht worden. Eine beachtliche Rolle spielen in *Twitchells* Biographie ausgedehnte Weltreisen, auf denen er besondere spirituelle Erfahrungen gemacht haben will. Prägend waren für *Twitchell* auch Begegnungen mit religiösen Lehrern aus Indien. Inhaltlich geht es um ein Geheimwissen, das von sog. Eck-Meistern seit Jahrtausenden weiter gereicht wird und die Quelle aller Religionen, Philosophien oder alles heiligen Wissens sein soll. *Twitchell* sah sich in dieser Reihe von mehr als 900 spirituellen Meistern. Für Eckankar steht der Mensch vor der Aufgabe, seine Seele zu Gott reisen zu lassen. Dem dienen Lichtvisionen und Klangauditionen, die Eckankar anbietet. Der Mensch wird als ein Wesen gedacht, das mehrere Inkarnationen auf der Erde durchlebt bzw. durchleben muss. (→ *Reinkarnation*) Die Eck-Meister stehen bei dem Aufarbeiten negativen Karmas helfend zur Seite. Es ist sogar möglich, bestimmte, aus dem Karma resultierende Aufgaben auf spiritueller Ebene auszuführen. Auf diesem Weg bietet Eckankar verschiedene Initiationsstufen an. Eine wichtige spirituelle Übung sind die sog. »Seelenreisen«, bei denen Begegnungen mit bereits verstorbenen spirituellen Eck-Meistern und großen religiösen Gestalten (z.B. Buddha oder Jesus) möglich sein sollen. Diese Begegnungen sollen die spirituelle Entwicklung der Schüler fördern, damit diese den Kreislauf der Wiedergeburten verlassen können und möglicherweise eines Tages selbst Eck-Meister oder ein Engel werden. Das Menschen- und Gottesbild von Eckankar ist mit dem biblischen Christentum nicht vereinbar.

Ein Kurs in Wundern, eine seit 1965 über sieben Jahre hinweg an die US-amerikanische Psychologie-Professorin und Atheistin, *Helen Schucman* (1909-1981), durch inneres Diktat angeblich von Jesus Christus übermittelte → *Channeling*-»Bibel«. Dieser »Kurs« versteht sich jedoch nicht als Grundlage für eine neue Religion, sondern will »unabhängig von äußeren Autoritäten dem Selbststudium« dienen. Im Zentrum steht dabei das dreiteilige Lehrwerk *Ein Kurs in Wundern*. Es umfasst 1 320 Seiten und enthält neben Text- und Übungsbuch auch ein Handbuch für Lehrer. Die Arbeit zielt darauf ab, »die Blockaden zu entfernen, die dich daran hindern, dir der Gegenwart der Liebe, die dein angestammtes Erbe ist, bewusst zu sein«. Die zentrale Botschaft lautet: »Nichts Wirkliches kann bedroht werden. Nichts Unwirkliches existiert. Hierin liegt der Friede Gottes.« 1976 in den USA veröffentlicht, findet der Kurs seit 1994 auch im deutschen Sprachraum

Anhänger, die sich in Studiengruppen zum gegenseitigen Austausch treffen. Innerhalb der → *Esoterik-Szene* spielt *Ein Kurs in Wundern* als Inspirationsquelle für andere Channeling-Medien (u. a. *Neale Donald Walsch* u. a.) eine nicht zu unterschätzende Bedeutung. Im Blick auf den Kurs zeichnen sich unterschiedliche Rezeptionsmöglichkeiten ab, die in der Vergangenheit sogar zu juristischen Auseinandersetzungen um das Urheberrecht geführt haben. So prozessierte 1999 die Foundation for A Course in Miracles (FACIM) gegen die ihrer Ansicht nach unrechtmäßige Verbreitung des Kurses durch die → *Endeavor Academy*. Die Kernfrage dieser Auseinandersetzung lautete: Wer hat das Urheberrecht inne? *Helen Schucman* oder Jesus Christus? – *Ein Kurs in Wundern* findet in der Esoterik-Szene gerade deshalb Anklang, weil er praktische Hilfestellungen zur Freisetzung bzw. Entwicklung einer individuellen Spiritualität verspricht. Mit christlichen Grundüberzeugungen tritt er tatsächlich in Konkurrenz. Grundlegende Aussagen des von *Schucman* über Channeling empfangenen Materials – das hat ein maßgeblicher Interpret des Kurses, *Kenneth Wapnick*, inzwischen selbst einräumen müssen – lassen sich mit den Aussagen des Alten und Neuen Testaments nicht in Einklang bringen.

→ *Gespräche mit Gott*

Eldaring – »The Troth« Deutschland e. V., eine kleine neuheidnische Vereinigung, die zunächst inoffiziell am 29.12.2001 in Goßfelden gegründet und 2002 in das Vereinsregister Trier eingetragen wurde. Eigenen Angaben zufolge möchte der Verein im deutschsprachigen Raum »ein Informationsangebot zum Thema Asatru«

schaffen: »Bei Asatru handelt es sich um eine Rekonstruktion der vorchristlichen Religion Europas und Skandinaviens.« Unter Asatru verstehen die Anhänger einen nordischen Ausdruck für den Asenglauben, wobei die Asen als eines der beiden germanischen Göttergeschlechter verstanden werden. Der einzelne Anhänger dieser speziellen Richtung innerhalb des → *Neuheidentums* bezeichnet sich als Asatruar. Die Gruppe hat auch eigene Rituale und Zeremonien entwickelt. So steht Blót für ein Opferritual zu Ehren einer Gottheit oder höheren Wesenheit. Daneben gibt es nach eigenen Angaben u. a. Trinksprüche, gemeinsame Mahlzeiten, das Schwurleisten, Taufe eines Neugeborenen, Heilungen sowie die Runenbefragung. Die rund 100 Mitglieder kommen hauptsächlich aus Deutschland, Österreich und der Schweiz.

Elias-Burg, ursprünglich ein Fabrikgebäude, das Anfang der 1920er-Jahre zum spirituellen Zentrum der → *Lorenzianer* umgebaut wurde. Die Einweihung erfolgte am 30. September 1923. Bis heute spielt die Elias-Burg im religiösen Leben der Lorenzianer eine besondere Rolle; im Regelfall besucht jedes Gemeindeglied einmal wöchentlich hier einen Gottesdienst. Ähnlich wie bei den → *Mormonen* dürfen Nicht-Mitglieder das Heiligtum nicht betreten.

Endeavor Acadamy, → *Neue Christliche Akademie*

Erhard-Seminar-Training (EST), → *Landmark-Education*

Erwachet!, zweimal im Monat erscheinende Zeitschrift der → *Zeugen Jehovas*. Nach dem → *Wachtturm* deren zweitwichtigste Publikation. Die Zeitschrift erscheint weltweit in einer Auflage von etwa 22 Millionen Exemplaren in 87 Sprachen.

Erziehungskunst, Monatszeitschrift zu Fragen der Pädagogik aus dem Umfeld der → *Anthroposophie.* Herausgeber ist der Bund der Freien Waldorfschulen.

Esoterik, Sammelbegriff für meist auf übersinnlich-intuitivem Wege entwickelte weltanschaulich-religiöse Strömungen, Richtungen, Praktiken und Angebote. Generell lassen sich systemesoterische Entwürfe des späten 19. und frühen 20. Jahrhunderts (→ *Theosophie,* → *Anthroposophie,* moderne Rosenkreuzergruppen) von der seit den 1980er-Jahren aufkommenden → *Esoterik-Szene* mit ihrem marktförmig orientierten Angebot unterscheiden. Die Offerten und Praktiken werden herkömmlich der Gebrauchsesoterik zugerechnet. Der Begriff Esoterik leitet sich vom griechischen »esôterikós« ab, was wörtlich übersetzt »zum inneren Kreis gehörig« bedeutet. In antiken Philosophenschulen war damit ein Wissen gemeint, das nur für einen Kreis von Eingeweihten bestimmt war und als Insider-Wissen einer Art Geheimhaltung unterlag. Das Substantiv Esoterik ist dagegen wesentlich jünger und meint dasselbe wie der zur selben Zeit aufkommende Begriff → *Okkultismus.* Letzter umfasst die diversen überlieferten okkulten und magischen Praktiken und Vorstellungen von → *Astrologie* und Alchemie über → *Magie* und Mantik bis *neue Hexen* → *Rosenkreuzer* und → *Theosophie.* Die »inneren« Kreise einer Gemeinschaft, denen das »esoterische Wissen« vorbehalten ist, definieren sich als Orden, Logen, Esoterische Schulen usw. Zu den eso-

terischen Überlieferungen gehören u. a. die Lehren von Gnosis, Hermetik, Kabbala, Alchemie und Rosenkreuzertum. Seit den letzten 150 Jahren steht die Rezeption dieser Überlieferungen im Zeichen des Okkultismus: Diese Weltanschauung versucht, die traditionellen esoterischen Anschauungen und Praktiken auf der Basis des modernen Monismus, Evolutionismus u. a. als Ausdruck einer esoterischen »Ur-Weisheit« hinter den verschiedenen Religionen zu vereinheitlichen (klassisches Beispiel: die Theosophie *Helena Blavatskys*, der »Mutter der modernen Esoterik«). Damit erweist sich die Esoterik als universalreligiöse Bewegung und vertritt ausgehend von ihrem Weltbild einen esoterischen Inklusivismus.
Mit der Popularisierung der Esoterik seit den 1980er-Jahren im Rahmen der sog. »Esoterik-Welle« ergibt sich der widersprüchliche Vorgang, dass ein elitäres Wissen öffentlich, für die breite Masse frei zugänglich, kommerzialisiert und marktförmig wird. Damit hat sich ein entsprechender Esoterik-Markt gebildet, wobei sich das Spektrum des zur Esoterik Gerechneten erheblich erweitert. Als Teil der modernen Erlebnisgesellschaft wurde Esoterik auf diese Weise auch in Deutschland inzwischen zu einem beachtlichen Geschäftszweig. Dabei sind allerdings zwei Ebenen zu unterscheiden: die kommerzialisierte Szene freier spiritueller Angebote und ein dementsprechendes Publikum oder eine Klientel von Anbietern in der Esoterik-Szene sowie die Ebene organisierter Weltanschauungsgruppen (Rosenkreuzer, Theosophen, Anthroposophen, Spiritisten u. a.). Während Letztere zahlenmäßig kaum vom »Esoterik-Boom« profitieren, vollzieht sich die eigentliche religiös-weltanschauliche Dynamik auf dem »freien Religionsmarkt« kommerzieller Anbieter. Nur bezogen auf

diese Ebene kann von einer Esoterik-Welle die Rede sein. Die elitären esoterischen Sucher und Weltanschauungsgemeinschaften neben der marktförmigen Esoterik distanzieren sich selbst meistens von dieser Art der Popularisierung (z. B. Vertreter der Anthroposophie).

Esoterik-Szene, die unorganisierte und daher zahlenmäßig sehr schwer fassbare Zahl an Esoterik-Interessierten und -Praktizierenden. Zur Esoterik-Szene zählen auch die mannigfachen, unüberschaubaren und zum Teil auch widersprüchlichen Offerten des Esoterik-Marktes (Bücher, Kurse, Seminare, Workshops und Esoterik-Messen). Ein Blick in die Regale größerer Buchhandlungen zeigt ein verwirrendes Bild disparater Themen und Praktiken: von Pendeln und Tarotkarten über Heilsteine, → *Bachblüten-Therapie* und → *Reiki* bis hin zu Kontakten mit außermenschlichen Wesenheiten (z. B. → *Engel*, Geistwesen) und → *Channeling*. In der Esoterik gibt es – im Unterschied zu fest strukturierten Gruppen – keine verbindliche Mitgliedschaft. Charakteristika dieser Szene sind: Es gibt offene Zugangsbedingungen, aber keine verbindlichen Lehrinhalte (kein gemeinsames Glaubensbekenntnis). Von besonderer Bedeutung sind sog. Events, die das Wir-Gefühl steigern sollen. Gefragt sind vor allem magische Techniken für die individuelle Lebensbewältigung. Fast immer geht es in den esoterischen Offerten um ein »Ur-Wissen« der Menschheit, das nun dem Einzelnen für die eigene Praxis erschlossen werden soll (»Hexenwissen im Alltag für jedefrau und jedermann«). Vermittelt werden sollen dabei angeblich unmittelbare, stark auf individuelle Bedürfnisse abgestimmte Praktiken, die auf die Sehnsucht nach innerem Wohlbefinden, Harmonie und insbesondere persönlicher Heilung abgestimmt sind. Andererseits geht es um eine Selbstermächtigung durch magische Praktiken im Sinne einer Kraftübertragung. Manche kritischen Beobachter sprechen inzwischen von einem Milliardenmarkt Esoterik. Wie das Nachrichtenmagazin *FOCUS* (45/2002) berichtet, setzt die Astrologie-Branche alljährlich rund 150 Millionen Euro um. → *Geistheiler* und esoterische Lebensberater sollen pro Jahr rund eine viertel Milliarde Euro erwirtschaften. Der Gesamtumsatz beläuft sich aktuellen Schätzungen zufolge pro Jahr auf rund 9 Milliarden Euro. Nach aktuellen Umfrageergebnissen sind es vor allem Frauen zwischen 30 und 40 Jahren, die sich von esoterischen Themen angezogen fühlen. Auffällig ist auch eine Esoterisierung der Gesellschaft: Esoterische Themen sind von ihrem ursprünglichen subkulturellen Nischendasein zu einem gesellschaftlich-kulturellen Faktor in der modernen Erlebnis- und Wohlfühlwelt aufgestiegen. Kein Wunder, dass die Werbung die Esoterik für sich entdeckt hat! Esoterisches lässt sich infolge der Marktförmigkeit auch in Kombination mit Wellness-Angeboten finden. Als Publikumskult begegnet die Esoterik v. a. in Gestalt von entsprechender Ratgeber-Literatur und Zeitschriften sowie in Gestalt deutschlandweit stattfindender Esoterik-Messen (Verkauf von Gegenständen und Dienstleistungen) mit begleitenden Vortrags- und Workshop-Angeboten. Hier kann es auch zur »Klientenreligion« kommen: Der Nutzer dieser Angebote bleibt nicht bloß Konsument, sondern wird zum Klienten, vom dem ein höheres Maß an zeitlichem und finanziellem Engagement erwartet wird.

EST, → *Landmark-Education*

Europäische Arbeiterpartei, Vorläuferorganisation der → *Bürgerrechtsbewegung Solidarität*

Evangelisch-Johannische Kirche nach der Offenbarung St. Johannis, → *Johannische Kirche*

F

Die Familie, → *Kinder Gottes*

Familienaufstellungen, eigentl. eine psychotherapeutische Methode, die in der systemischen Familientherapie angewandt wird. In jüngster Zeit wird der Begriff »Familienaufstellungen« jedoch immer häufiger als Synonym für einen Sonderfall benutzt, nämlich die Familienaufstellungen nach *Bert Hellinger.*

Hellinger (geb. 1925) war katholischer Priester und als Missionar in Afrika tätig. 1971 verließ er den Missionarsorden, heiratete und wurde als Psychotherapeut tätig. Über eine entsprechende Ausbildung mit anerkanntem Abschluss verfügt er nicht. Seit 1993 veröffentlicht er mit wachsendem Erfolg zahlreiche Bücher. Diese präsentieren Fallbeispiele, meditative Geschichten und Lebensweisheiten. Daneben bietet *Hellinger* seine Familienaufstellungen bei öffentlichen Veranstaltungen, bei Seminaren und Workshops an. Mitunter finden Veranstaltungen mit mehreren hundert Zuschauern statt. Zunehmend wurde die Methode auch von anderen Anbietern übernommen. Gemischt mit → *Esoterik*, → *Astrologie* und anderen Trends des Zeitgeistes wurden diese Familienaufstellungen auch in Esoterikzentren und in der alternativen → *Psychoszene* immer beliebter. 1996 wurde die Internationale Arbeitsgemeinschaft Systemische Lösungen nach *Bert Hellinger* gegründet; wohl um den Wildwuchs etwas einzudämmen und der zunehmend lauter werdenden Kritik zu begegnen. Dennoch kann man sagen, dass *Hellingers* Methode auch in psychotherapeutischen Fachkreisen heftig umstritten ist. Im Jahre 2003 hat sich beispielsweise die Deutsche Gesellschaft für Systemische Therapie und Familientherapie sehr kritisch zu *Hellingers* Familienaufstellungen geäußert. Man verweist darauf, dass diese teilweise »ethisch nicht vertretbar« und »gefährlich für die Betroffenen« sind.

Im Prinzip verlaufen die Aufstellungen folgendermaßen: Ein Klient informiert über sein Problem, er nennt grundlegende Informationen über seine Familie, verstorbene Personen usw. Dann sucht er aus den Reihen der Zuschauer Stellvertreter für seine Eltern, Geschwister, für sich selbst usw. aus. Mitunter werden auch verstorbene Personen, oder aber »der Krieg« mittels Stellvertreter aufgestellt. Bereits die Art, wie diese Stellvertreter stehen, wie sie sich fühlen usw. sagt etwas über die Herkunftsfamilie bzw. über die Konflikte dessen aus, der seine Familie »aufstellt«. Gefühle und Wahrnehmungen werden von den Beteiligten ausgesprochen und damit »sichtbar«. Man geht davon aus, dass alle Beteiligten an einem »wissenden Feld« teilhaben und somit mehr über die Konfliktlinien wissen, als der Klient über seine Familie weiß.

Mitunter schlägt der Therapeut Sätze vor, die nachzusprechen sind. Diese sollen Heilung oder Erlösung ermöglichen. Meist handelt es sich um sehr inhaltsschwere Sätze wie »Ich habe es für dich getan.« Oder: »Ich vergebe dir.« Gelegentlich wird durch die Therapeuten auch in die Aufstellung eingegriffen und gesagt, dieser oder jener möge eine andere Haltung, Position oder Blickrichtung einnehmen. Die Aufstellung ist zu Ende, wenn sich jeder an seinem Platz wohl oder wenigstens etwas wohler fühlt oder wenn ein zentrales Problem aufgedeckt worden ist. Eine Aufstellung dauert meist zwischen 15 Minuten und einer Stunde, aber auch kürzere und längere Aufstellungen kommen vor.

Die Familienaufstellungen nach *Hellinger* sind umstritten, weil *Hellinger* bzw. seine Schüler viele Vorgaben an die Klienten herantragen: So geht man beispielsweise davon aus, dass bestimmte Ordnungen und Gesetzmäßigkeiten in jeder Familie herrschen. Wenn diese jedoch gestört sind, können Krankheiten, Unglücke etc. die Folge sein. Ferner werden Tabus in der Familie große Bedeutung zugesprochen: Eine verheimlichte Abtreibung, uneingestandene Schuld, ein früher Tod, eine verschwiegene Adoption usw. bleiben – so die Annahme – nicht ohne Folgen. Diese Prämissen werden als allgemeine Gesetzmäßigkeiten ausgegeben und können nicht hinterfragt werden. *Hellinger* gibt auch keine Erklärung dafür, wieso diese zutreffen. Er stellt lediglich fest: Ich habe gesehen, dass es so ist.

Hellinger fasziniert, weil er in einer Welt der Orientierungslosigkeit klare und einfache Antworten anbietet. Die Familienaufstellungen erwecken den Eindruck, dass zufällige und »sinnlose« Ereignisse einem inneren Sinn folgen, dass es eine »höhere Ordnung« gibt, der man sich nur unterordnen muss, damit das Leben fließt. Damit wird eine Vereinfachung angeboten, die angesichts komplexer seelischer Probleme zwar faszinierend ist – aber deshalb noch lange nicht tragfähig und wirklichkeitsnah. Die Verheißung einer Ordnung bringt die Familienaufstellungen auch in die Nähe religiöser Fragen. So ist es nicht verwunderlich, dass viele Schüler *Hellingers* die Aufstellungen immer öfter mit religiösen Themen und Handlungen verbinden. Es besteht die Gefahr, dass die Therapeuten sich selbst als allmächtig erleben und bei ihren Klienten den Eindruck hervorrufen, alle Probleme seien lösbar und erklärbar. In jüngster Zeit hört man immer wieder von Menschen, die nach einer Familienaufstellung mit den gewonnenen (vermeintlichen) Erkenntnissen allein zurück geblieben sind und diese nur schwer verarbeiten konnten. Dem Anspruch, dass tiefe seelische und persönliche Konflikte innerhalb einer Sitzung bzw. Aufstellung gelöst werden könnten, widersprechen zahlreiche Studien zur Wirksamkeit der Psychotherapie.

Familienföderation für den Weltfrieden, → *Vereinigungsbewegung*

Family of Love, → *Kinder Gottes*

Fiat Lux, von *Uriella* (eigentl. *Erika Bertschinger-Eicke*) gegründete Gemeinschaft mit Sitz im Schwarzwald. Hier leben etwa 60 bis 70 Mitglieder. Dazu gehört ein weiterer, zahlenmäßig nicht genauer zu ermittelnder Sympathisantenkreis in Deutschland, Österreich und der Schweiz. *Uriella* ist Gründerin und geistliches Oberhaupt der Gemeinschaft. Die alleinige Grundlage für Lehre und Praxis

von Fiat Lux bilden Offenbarungen, die *Uriella* von Jesus Christus bzw. der Gottesmutter Maria erhalten haben will. Seit etwa 1975 erhebt *Uriella* den Anspruch, in einem besonderen Kontakt mit Jesus Christus stehen zu können und Botschaften aus dem Jenseits zu empfangen. (→ *Offenbarungen, neue*) Sie selbst bezeichnet sich als Volltrance-Sprachrohr Gottes.
Erika Bertschinger-Eicke wurde 1929 als *Erika Gessler* in Zürich geboren. Im Alter von 19 Jahren ging sie nach England und gründete eine Sprachschule. Längere Auslandsaufenthalte in den USA und Japan schlossen sich an. Sie arbeitete als Sekretärin und Dolmetscherin. In England kam sie mit spiritistischen Medien in Kontakt. Während ihres Aufenthalts in den USA hörte sie aus dem Munde eines Volltrance-Mediums, dass ihr eine große Aufgabe bevorstünde. In den Jahren 1967 und 1970 hielt sie engen Kontakt mit der spiritualistischen Vereinigung Geistige Loge Zürich. 1967 kam sie auch in Berührung mit der im selben Jahr von *Frieda Maria Lämmle* gegründeten Neuoffenbarungsgruppe Lichtzentrum Bethanien. Dort empfing sie Weihnachten 1975 ihre erste Offenbarung in Volltrance. Seither bezeichnet sie sich als Sprachrohr Gottes. In Egg bei Zürich rief sie 1977 das Heiligtum Lichtquell Bethanien ins Leben. Hier empfängt sie seither Offenbarungen und hält eigene Gottesdienste ab. Seit 1971 ist *Erika Bertschinger-Eicke* als Geistheilerin und Lebensberaterin tätig. 1973 erhielt sie eigenen Angaben zufolge nach einem Reitunfall »die geistigen Gaben des Hellempfindens, Hellfühlens, Hellhörens, Hellsehens, der Präkognition sowie der Bilokation«. 1984 heiratete sie den ehemaligen römisch-katholischen Pfarrer *Kurt Warter* (»*Uriello*«). Im gleichen Jahr trat sie erstmals mit ihren

Botschaften an die Öffentlichkeit. 1991 heiratete *Erika Bertschinger* den früheren Diplomkaufmann *Eberhard Eicke* (»*Icordo*«), der 1940 in Niedersachsen geboren wurde und der Gemeinschaft seit Herbst 1987 angehört. Seit 1990 ist er nach eigenen Angaben Geschäftsführer der Rohkost-Eremitage der Stiftung Bethanien. Gleichzeitig vertritt er als Pressesprecher die Interessen von Fiat Lux in der Öffentlichkeit.

Uriella beansprucht, dass das göttliche Wort durch sie rein und unverfälscht fließen könne, weil bei ihr – im Unterschied zu *Jakob* → *Lorber* – das »Tagesbewusstsein« ausgeschaltet sei. Wie es in der ersten Offenbarung vom 7. Mai 1977 heißt, verkünde Christus über sein Sprachrohr »die absolute göttliche Wahrheit«. Diesen Neuoffenbarungen gegenüber sind die Anhänger zum Gehorsam verpflichtet. Zweifel am Anspruch und Inhalt der Kundgaben wird als Sünde wider den Heiligen Geist bezeichnet. Dem, der die Gemeinschaft verlässt, wird mit den Worten gedroht: »Jene, die sich von meinem Orden trennen oder auch nur scheinmäßig distanzieren, begehen die größte Sünde in ihrem Leben, weil sie an den wahren Lebensquell ... geleitet wurden und sich willentlich von ihm lösten.«

In einer Offenbarung von 1980 war zunächst von einem Geheimorden die Rede, der den Namen Fiat Lux (= Es werde Licht!) erhalten sollte. Dabei standen endzeitliche Erwartungen im Vordergrund: »Es wird so weit kommen, dass ein jedes, das in meinen Orden hier aufgenommen wird, die Kraft besitzt, seinen Körper zu dematerialisieren, dass er also unsichtbar wird, wenn die Gefahren lauern und viele Menschen der Vernichtung anheim fallen werden.« Im Südschwarzwald entstand 1985 die ers-

te Ansiedlung von Fiat-Lux-Anhängern, 1990 wurde Ibach-Lindau »zum Haussitz des Heiligtums im Anwesen der Stiftung Bethanien.« Weitere Gemeinschaftszentren stehen in Egg bei Zürich sowie im österreichischen Kärnten. In Ibach befindet sich auch die Rohkost-Eremitage, eine Gaststätte, deren Angebot den Ernährungsregeln der Gemeinschaft folgt. Im Oktober 1994 wurde als Internationales Hilfswerk für Not leidende Familien der Verein Adsum – Ich bin bereit gegründet, der auch Hilfstransporte in osteuropäische Staaten durchführt.
Die Bibel gilt aus der Sicht von Fiat Lux als entstellt. Verantwortlich dafür seien angeblich »die Schriftgelehrten und Schriftabschreiber, weil sie mit der Ratio gearbeitet haben und nicht mit dem Herzen.« Zur Zeit des Alten Testaments seien die Menschen in Ungewissheit gehalten und alles Mystische abgetan worden: »Sehr wohl fanden frequente Kontakte u. a. mit der unguten Geisterwelt statt.« An anderer Stelle heißt es, dass die Menschen zur Zeit Jesu der höheren Einweihungen noch nicht würdig waren, um »in diese tiefen Zusammenhänge zwischen Makro- und Mikrokosmos eingeführt zu werden.«
Gott wird als das Ur-Licht, die Ur-Intelligenz bezeichnet, der sich selbst erschauen wollte und deshalb das »Ur-Primärlicht«, seinen Sohn Jesus Christus, erschuf. In beiden war die Polarität bereits angelegt. Luzifer bildete mit Luzifera (Satana) den Erstling der Schöpfung, an der beide unterstützend mitwirken sollten. Engelkinder wurden über Herzstrahlen ins Dasein gerufen. Luzifer begann sich gegenüber Gott zu widersetzen und entfernte sich mit seinem Anhang von der reinen Lichtquelle. Es kam zum Himmelssturz und zur Entstehung der sichtbaren Welt. Christus starb für die Ursünde. Von Luzifer erhielt er

dadurch die Zusicherung, dass dieser »alle bereuenden und ins Licht wollenden Seelen frei lassen muss«. Die Rückkehr zum reingeistigen Sein vollzieht sich seither über Zwischenreiche. Dabei spielen Vorstellungen von → *Reinkarnation* und Karma eine zentrale Rolle. In einer Offenbarung ist die Rede davon, dass die Anhänger nicht nur ihr eigenes Karma, »sondern auch jenes der deutschen Völkerrasse, ja, aller Nationen, Länder und Kontinente« abtragen sollen.

Die Ordensmitglieder tragen – wie es heißt zum Zeichen der Reinheit – weiße Gewänder und unterwerfen sich strengen Regeln wie sexueller Enthaltsamkeit, streng vegetarischer Rohkost, kein Alkohol, kein Nikotin, keinerlei weltliche Vergnügungen wie Fernsehen, Radio, Zeitungen usw. Schließlich wird erwartet, dass sich die Mitglieder dem »göttlichen Willen« unterordnen, der seinen Ausdruck in *Uriella* findet. In den letzten Jahren hat *Uriella* immer häufiger Endzeitkatastrophen angekündigt. Anfang der 1990er-Jahre war beispielsweise die Rede davon, dass ein Drittel der Menschheit mithilfe von Raumschiffen zuerst entrückt, dann jedoch auf die gereinigte Erde zurück gebracht werden würde. Unter den so Evakuierten hätten sich alle Fiat-Lux-Mitglieder (»Fiat-Lux-Träger«) befinden sollen. Für den Sommer 1998 wurden konkrete Endzeitdatierungen bekannt gegeben, die später jedoch korrigiert bzw. relativiert wurden und offensichtlich ohne Bezug zur Realität waren. Dennoch legt *Uriella* Wert auf die Feststellung, dass sie sich nicht geirrt hat. Bekannt wurde *Uriella* einer breiteren Öffentlichkeit durch mitunter bizarre Auftritte im Fernsehen.

Fiat Lux ist eine Gemeinschaft, die auf der Basis neuer Offenbarungen eine Vielzahl unterschiedlicher religiöser Ideen und Vorstellungen – von der → *Astrologie* über → *Esoterik* bis hin zur Erwartung von Ufos – in Lehre und Praxis vereint. Sie gehört zu den wenigen Religionsgemeinschaften, die von einer Frau gegründet wurden. Bei Anhängern ist die Gefahr der Manipulation gegenüber den nicht hinterfragbaren Neuoffenbarungen und – was oft noch schwerer wiegt – der gesundheitlichen Gefährdung im Fall der angeblich göttlichen Heilungsanweisungen von *Uriella* gegeben.

Food for Life, eine Initiative aus dem Umfeld der → *Krishna-Bewegung*. Es handelt sich hierbei um ein weltweites Hilfswerk zur Speisung von Armen und Bedürftigen. Aufgrund der Ernährungsvorstellungen der Krishna-Bewegung wird ausschließlich vegetarische Kost, mitunter auch »geweihte Nahrung«, angeboten.

Das Forum, → *Landmark-Education*

Fraternitas Saturni (FS), (lat. = Bruderschaft des Saturn), herkömmlich dem Ordens-Satanismus (→ *Satanismus*) zugerechnete deutsche Okkultloge. Eigenen Angaben zufolge wurde sie bereits 1926 u. a. von dem Berliner Buchhändler und Okkultisten *Eugen Grosche* (1888-1964) gegründet. *Grosche*, der den Logennamen *Gregor A. Gregorius* führte, geriet unter den Einfluss des Gedankenguts *Aleister* → *Crowleys*, dessen propagiertes Gesetzes von Thelema (»Tue was du willst, ist das ganze Gesetz. Liebe ist das Gesetz, Liebe unter Willen«). *Grosche* ergänzte dieses Gesetz um den Zusatz »Mitleidlose Liebe«. Seit ihrem Bestehen hat die FS eine wechselvolle Geschichte mit vielerlei internen Differenzen, Abspaltungen (u. a. Ordo Saturni) und Lehrveränderungen durchlebt. Ihre Entstehung und Ausformung muss im Kontext des im 19. Jahrhundert aufkommenden neuzeitlichen → *Okkultismus* gesehen werden. Der von der FS vertretene »Saturnweg« wird als Weg »zur Verwirklichung der eigenen Göttlichkeit« bezeichnet. Als wichtiges Mittel hierzu dient die → *Magie*, die dabei helfen soll, »eigene Grenzen zu überwinden und die eigene Göttlichkeit zu manifestieren«. Nach Schätzungen hat die FS heute rund 80 Mitglieder. Aktiv arbeitende Gruppen (= Oriente) bestehen in Berlin, Hamburg, Frankfurt/Main, Köln, Kaiserslautern, Wien, Bern und vermutlich auch in Russland.

Frauenföderation für den Weltfrieden, → *Vereinigungsbewegung*

Freakstock, → *Jesus-Freaks*

Freedom Magazine, eine Zeitschrift der → *Scientology-Organisation*, die seit 1968 in zahlreichen Sprachen erscheint.

Free mind, deutschsprachiges Magazin aus dem Umfeld der → *Scientology-Organisation.* Erscheint unregelmäßig im Verlag New Era Publications in 21220 Seevetal.

Freie Evangelische Gemeinden, gleichzusetzen mit evangelischen → *Freikirchen.* Sie betonen die persönliche Glaubensentscheidung und legen Wert auf die Trennung von Kirche und Staat. Die etwa 400 Gemeinden in Deutschland sind kongregationalistisch organisiert und haben sich – bei Wahrung der Selbstständigkeit – zu einem Bund Freier Evangelischer Gemeinden zusammengeschlossen. Dieser Bund ist als Körperschaft des Öffentlichen Rechts anerkannt. Weltweit dürfte die Bewegung etwa 300 000 Mitglieder haben.

Freie Religion, monatlich erscheinende Zeitschrift des → *Bundes Freireligiöser Gemeinden Deutschlands.*

Freies Philosophisches Zentrum, → *Neue Akropolis*

Freiheit für Tiere, vierteljährlich erscheinendes Magazin für Tierfreunde aus dem Umfeld des → *Universellen Leben.* Es wird an vielen Kiosken angeboten und bietet eine Mischung aus anrührenden Tiergeschichten, freundlichen Tierfotos und gewalttätigen Bildern vom Schlachthof. Häufig wird über den »ganz normalen Wahnsinn in europäischen Schlachthöfen« berichtet. Erscheint wie zahlreiche weitere Publikationen aus dem Umfeld des Universellen Lebens zum Thema Tierschutz im Verlag → *Brennglas.*

Freikirchen, ein Begriff, dessen Sinn vor allem in der Abgrenzung vom Phänomen → *Sekte* besteht. Freikirchen sind keine Sekten, also keine Gemeinschaften, die einen exklusiven Heilsweg kennen und für sich reklamieren, alleine auf dem Weg zu Gott und zum Heil zu sein. Trotz dieser entschiedenen Abgrenzung von den Sekten kann es auch in Freikirchen sektiererische Tendenzen geben. Denn allein die Organisationsform und ökumenische Aufgeschlossenheit sind kein Patentrezept gegen manche Engführung und übertriebene Einseitigkeit.
In historischer Perspektive sind die Freikirchen ein Kind der Reformation: Die Freikirchen grenzen sich von einer

engen Beziehung von Staat und Kirche ab. »Frei« heißt also: Frei vom Staat und frei-willige Mitgliedschaft. Das bedeutet konkret: Freikirchen ziehen die Kirchensteuer nicht über die Finanzämter ein, nehmen Abstand von bestimmten kirchlichen Organisationsformen und legen Wert auf das Prinzip der freiwilligen Mitgliedschaft, die ihren Ausdruck zumeist in der Ablehnung der Säuglingstaufe bzw. in der Hochschätzung der sog. Gläubigen- bzw. Erwachsenentaufe findet. Gemeinsam ist vielen Freikirchen eine vergleichsweise strenge und verbindliche Form der Frömmigkeit, bei der die persönliche Bekehrung zu Jesus Christus, die Wiedergeburt aus dem Geiste und die Heiligung des Lebens einen besonderen Stellenwert einnehmen. Traditionell sind viele Freikirchen sog. Laienkirchen, d.h. den kirchlichen Ämtern wird meist nur eine untergeordnete Rolle zugesprochen. Üblicherweise betreiben viele Freikirchen auch eigene theologische Ausbildungsstätten; sie bilden ihren Nachwuchs also vielfach selbst aus und einige gehen damit in Distanz zur akademischen Theologie.

Da in der zweiten Hälfte des 20. Jahrhunderts zahlreiche Gemeinschaften entstanden sind, die sich selbst als Freikirchen bezeichnen, unterscheidet man zwischen den traditionellen Freikirchen und den sog. neuen Freikirchen. Zu den traditionellen Freikirchen gehören die → *Baptisten,* Bruderunität, Mennoniten, Heilsarmee usw., zu den neuen Freikirchen gehört beispielsweise die Anskar-Kirche des früheren evangelischen Pfarrers *W. Kopfermann.* Inzwischen haben sich einige Freikirchen zu Dachverbänden zusammengeschlossen. Nennenswert ist beispielsweise die Vereinigung Evangelischer Freikirchen (VEF), die etwa 250 000 Mitglieder repräsentiert. In Deutschland arbeiten (bei wenigen Ausnahmen) die Freikirchen, die beiden großen Kirchen und die Orthodoxen Kirchen üblicherweise in der Arbeitsgemeinschaft Christlicher Kirchen (ACK) zusammen. Sie bekennen gemeinsam »den Herrn Jesus Christus gemäß der Heiligen Schrift als Gott und Heiland«.

Freitag, der 13., → *Aberglaube*

Friedenspalast, eine Initiative aus dem Umfeld der → *Transzendentalen Meditation* (*TM*) bzw. der → *Maharishi Weltfriedensstiftung.* In 61 Städten in Deutschland und darüber hinaus in etwa 3 000 großen Städten weltweit sollen sog. Friedenspaläste zum »Erzeugen von dauerhaftem Weltfrieden« aufgebaut werden. Dahinter steht die für TM typische Idee, dass eine Besserung der politischen und sozialen Verhältnisse erreicht werden kann, wenn etwa 1% der Bevölkerung die TM-Meditation ausüben.
→ *Maharishi-Effekt*
→ *Deutsche Friedensregierung*

Friedensrat, → *Vereinigungsbewegung*

Das Friedensreich, monatlich erscheinende Zeitschrift, die dem → *Universellen Leben* nahe steht. Die Zeitschrift thematisiert Fragen des Tierschutzes, der Ökologie sowie religiöse und medizinische Probleme. Dabei wird unverkennbar die Ideologie des *Universellen Leben* und dessen eigenwillige Sicht der genannten Themen transportiert.

Die Frohe Botschaft, Zweimonatszeitschrift der → *Gemeinschaft Christi*

G

Geistiges Leben, zweimonatlich kostenlos erscheinende Zeitschrift für Freunde der Neuoffenbarung *Jakob Lorbers* (→ *Lorber, Jakob*). Neben der Zeitschrift → *Das Wort* bildet *das Periodikum* einen wichtigen Informationsdienst für die oft weit verstreut lebenden Lorber-Freunde. Darin finden sich neben Abschnitten aus dem einschlägigen Schrifttum auch vertiefende Artikel von Lorber-Anhängern, Veranstaltungshinweise und Einladungen zu örtlichen Treffen in den Lorber-Kreisen. Herausgegeben wird die Zeitschrift *Geistiges Leben* von der Lorber-Gesellschaft mit Sitz im oberbayerischen Hausham. Die Auflage liegt bei rund 2 000 Exemplaren.
→ *Lorber-Bewegung*

Gemeinde Christi, → *International Churches of Christ*

Gemeinde Jesu Christi, → *International Churches of Christ*

Gemeinde Gottes, eine von mehreren 100 Gemeinschaften, die sich Gemeinde Gottes bzw. Church of God nennen. Insofern muss man sehr genau fragen, von welcher Gemeinde Gottes die Rede ist. Im deutschsprachigen Raum arbeiten zwei Gruppen, die diesen Namen tragen. Zur genaueren Unterscheidung sind den Namen weitere Kriterien zugeordnet. Es handelt sich um die → *Gemeinde Gottes – Anderson* und die → *Gemeinde Gottes – Cleveland.*

Gemeinde Gottes – Anderson, die theologischen Wurzeln gründen in der Notwendigkeit zur (geistigen) Wiedergeburt, zur persönlichen Bekehrung zu Jesus Christus und zur Heiligung des Lebens. Üblich ist die Taufe des Erwachsenen, d.h. des sich zu seinem Glauben bekennenden Täuflings. Der hohe Anspruch führt erfahrungsgemäß zu einer perfektionistischen Haltung. Die Gemeinden Gottes – Anderson stehen in der Gefahr, authentisches christliches Leben nur in den eigenen Reihen für möglich zu halten und andere Formen christlicher Existenz abzuwerten. So halten sie sich von ökumenischen Bemühungen meist fern. Die Prediger und Diakone werden in der Christlichen Bildungsstätte Fritzlar ausgebildet. Bis 1993 trug die Zeitschrift der Gemeinde Gottes – Anderson den Titel *Evangeliums-Posaune*, dann wurde der Name in *Perspektiven – Christsein und Gemeinde heute* geändert.

Gemeinde Gottes – Cleveland, deutscher Zweig der Church of God – Cleveland. Gehört zur weltweiten → *Pfingstbewegung*. Die Missionsarbeit begann 1936 im Raum Stuttgart, weshalb die Gemeinde noch heute in Württemberg relativ stark verbreitet ist. Die Gemeinden sind von einem starken Biblizismus geprägt. Die Gemeinschaft hat in Deutschland etwa 10 000 Mitglieder. Ein europäisches Bibelseminar befindet sich in Rudersberg bei Schorndorf. Die Zeitschrift der Gemeinde Gottes – Cleveland hieß bis Ende 2002 *Die Stimme der Wahrheit*, inzwischen trägt sie den Titel *Inspirit. Zeitschrift für geisterfülltes Christsein.*

Gemeinschaft Christi, bis 2001 unter dem Namen Reorganisierte Kirche Jesu Christi der Heiligen der letzten Tage.

Es handelt sich hierbei um den zweitgrößten Zweig der → *Mormonen*. Sie unterscheidet sich jedoch sehr stark von der → *Kirche Jesu Christi der Heiligen der Letzten Tage*, obwohl beide auf *Joseph Smith* (1805-1844) zurückgehen. Die Gemeinschaft Christi bezieht sich jedoch auf jenen Teil seiner Anhänger, die sich dem Zug nach Westen in das Gebiet des späteren US-Bundesstaates Utah nicht angeschlossen haben. 1860 gründeten einige Hundert dieser Personen die → *Reorganisierte Kirche Jesu Christi der Heiligen der Letzten Tage*. Man verwirft hier die in Utah erfolgte Weiterentwicklung der mormonischen Lehre durch *Brigham Young* und erkennt lediglich die Schriften von *Joseph Smith* als verbindlich an. Diese jedoch genießen höchstes Ansehen und gelten – neben der *Heiligen Schrift* – als »weitere Zeugen der Liebe Gottes und des Dienstes von Christus«. Zu den entscheidenden Differenzen zwischen der Gemeinschaft Christi und der Kirche Jesu Christi der Heiligen der Letzten Tage: In der Gemeinschaft Christi wird nicht geglaubt, dass der Mensch sich zu Gott einwickeln kann, man praktiziert keine Totentaufe und glaubt nicht, dass die Schriften von *Joseph Smith* Offenbarungsqualität haben. Weltweit dürfte es etwa 250 000 Mitglieder geben; in Deutschland gibt es etwa 800. Der Hauptsitz der Gemeinschaft befindet sich seit 1920 in Independence/Missouri.

Gemeinschaft der Siebenten-Tags-Adventisten (STA), Weltweite Gemeinschaft, deren Wurzeln in den 1850er-Jahren in den USA liegen. Der Farmer *William Miller* (1782-1849) war ein religiös Suchender. Ihn trieb die Sorge über den Zustand der Gesellschaft; er glaubte, dass politische Umbrüche (z. B. die Französische Revolution 1789) und bestimmte Naturereignisse (z.B. das Erdbeben von Lissabon 1755) als Zeichen der anbrechenden Endzeit zu deuten seien. Mithilfe komplizierter mathematischer Berechnungen versuchte *Miller*, Zahlenangaben aus der Bibel so zu systematisieren, dass konkrete Termine für das Weltende berechnet werden konnten. Das erste Zeitfenster, auf das *Miller* sich festlegte, war der Zeitraum zwischen dem 21. März 1843 und dem 21. März 1844. Millers Überlegungen fanden ein reges Echo – sie trafen ganz offensichtlich den Nerv der Zeit. Nachdem der 21. März 1844 jedoch ohne sichtbarere Ereignisse verging, war die Enttäuschung gewaltig. Viele wandten sich ab. Einige errechneten noch einen weiteren Termin: den 22. Oktober 1844. Nachdem auch dieses Datum verstrichen war, boten sich nur zwei Bewältigungsstrategien an: Entweder man berechnete neue Daten, indem man sagte, dass man sich aufgrund der schwierigen biblischen Angaben vertan habe, oder aber man deutete die Ereignisse vom Oktober 1844 rückblickend anders: Sehr wohl sei etwas Entscheidendes passiert, jedoch unsichtbar: Christus habe am 22. Oktober 1844 das Allerheiligste des Himmels betreten und mit dem abschließenden Versöhnungsdienst begonnen (sog. Heiligtumslehre). Auf dieser Deutung der Ereignisse beruhen die (späteren) STA, die 1863 in Michigan gegründet wurden. Zuvor wurden jedoch noch weitere Überlegungen hinzugenommen: Der Heiligung des Sabbats (d. h. des Sonnabends) anstelle des Sonntags wurde eine besondere Bedeutung zugeschrieben. Schließlich ist noch die sog. »dreifache Engelsbotschaft« (vgl. Off 14,6-12) als Lehrbesonderheit zu nennen: Die STA sehen sich in besonderer Weise berufen, in der Zeit zunehmenden Glaubensverlustes an den Geboten Gottes festzuhalten und den Glauben an Jesus zu bewahren. Von größter Bedeutung für die STA war schließlich *Ellen G. White* (1827-1915). Zwei Monate nach der großen Enttäuschung vom 22. Oktober 1844 hatte die damals noch recht junge Frau eine erste Vision; *E. G. White* genießt noch heute höchstes Ansehen bei den STA.

Die STA sind eine bibelorientierte Gemeinschaft, in deren Glaubensleben die Endzeiterwartung (Adventisten von adventus = Ankunft bzw. Wiederkunft Jesu Christi) einen besonderen Stellenwert einnimmt. In vielen zentralen theologischen Fragen steht man reformatorischen Positionen nahe. Einen besonderen Stellenwert nehmen jedoch die Schriften *Ellen Whites* und die genannten Sonderlehren ein.

Die Stellung zu den ökumenischen Kirchen hat sich verändert: In den ersten Jahrzehnten des Bestehens hat man sich selbst als »Gemeinde der Übrigen« in einer privilegierten Stellung gegenüber den anderen Kirchen gesehen. So ist es nicht verwunderlich, dass die STA aus deren Perspektive häufig als Sekte wahrgenommen wurden. In den letzten Jahrzehnten bemühten sich die STA jedoch um eine Neupositionierung. In Deutschland sind die STA beispielsweise Gastmitglied in der Arbeitsgemeinschaft Christlicher Kirchen (ACK) – damit sind sie eine → *Freikirche.* Dennoch gibt es innerhalb der STA nach wie vor auch Kräfte, die die anderen christlichen Kirchen sehr kritisch sehen und damit die eigene Gemeinschaft aufwerten möchten.

Die STA bemühen sich um eine gesunde Lebensweise: Sie empfehlen vegetarische Ernährung und lehnen Alkohol, Nikotin, Kaffee und andere Rauschmittel ab. Der gesunden Ernährung dienen auch Lebensmittel, die in hauseigenen Produktionsstätten unter dem Namen DEVAU-GE Gesundkostwerk hergestellt werden. Einer breiteren Öffentlichkeit sind diese auch unter dem Namen granoVita bekannt. Die STA betreiben ein beachtliches Gesundheits- und Bildungsprogramm. Es gibt zahlreiche adventistische Fernseh- und Rundfunkstationen und ein weltweites Entwicklungs- und Katastrophenhilfsprogramm (ADRA). Weltweit gibt es heute etwa 13 Millionen Adventisten, in Deutschland leben knapp 36000. In Friedensau (bei Magdeburg) betreiben die STA eine staatlich anerkannte Hochschule.

Gemeinschaft des göttlichen Sozialismus – Apostelamt Juda, eine Gemeinschaft mit ungewöhnlichem Namen und einer komplizierten Geschichte: Im Jahre 1902 wurde der Bezirksälteste *Julius Fischer* (1867-1923) vom Stammapostel der → *Neuapostolischen Kirche* (diese hieß damals noch Neuapostolische Gemeinde) ausgeschlossen. Ursache für das Zerwürfnis waren Lehrstreitigkeiten. *Fischer* gründete daraufhin eine eigene Gemeinschaft und nannte diese Apostelamt Juda. 1923 starb *Julius Fischer*. Damit verlor diese Gemeinschaft ihren inneren Halt und zerbrach in ein → *Apostelamt Jesu Christi* und in weitere Gruppen, die von *Adolf Tschach* (1891-1981) zur Gemeinschaft des göttlichen Sozialismus – Apostelamt Juda zusammengeführt wurden. Die Formel »göttlicher Sozialismus« im Namen der Gemeinschaft meint das Göttliche im Menschen. Anfang 1936 wurde die Gemeinschaft verboten, später litt die relativ kleine Gemeinschaft (ca. 2000 Mitglieder) unter der Teilung Deutschlands.

Im Glaubensleben und in den Gottesdiensten spielt die Heilige Schrift eine eher untergeordnete Rolle. Auch das Kreuz wird üblicherweise nicht verwendet. Neben Taufe und Abendmahl kennt die Gemeinschaft das Sakrament der Versiegelung. Hieran sieht man, dass die Gemeinschaft ein Kind der Neuapostolischen Kirche ist. Neben den traditionellen christlichen Feiertagen wird in der Gemeinschaft der 2. Mai besonders gefeiert: Zur Erinnerung an die Berufung *Julius Fischers* zum »Apostel Juda« am 2. Mai 1902.

Gemeinschaft in Christo Jesu, → *Lorenzianer*

Gespräche mit Gott, Trilogie des Amerikaners *Neale Donald Walsch,* der zwischen 1992 und 1995 direkte Diktate von Gott über → *Channeling* empfangen haben will. Die Bücher wurden in über 20 Sprachen übersetzt. Sie verstehen sich als eine Unterhaltung mit Gott. Inhaltlich sind die darin entfalteten Belehrungen stark von Gedankengut geprägt, wie es in der → *Esoterik-Szene* gängig ist. Demnach ist jeder Mensch ein Geistwesen, das in einen leiblichen Körper eingetreten ist. Mit seinem innewohnenden Potenzial könne er die Evolution vorantreiben. Gott und Mensch seien letztlich eins. An manchen Stellen erweist sich *Walschs* Trilogie von *Schucmanns* → *Ein Kurs in Wundern* direkt beeinflusst. Im deutschsprachigen Bereich gibt es über 50 Gespräche-mit-Gott-Studiengruppen, die sich über die Botschaften *Walschs* im privaten Rahmen austauschen. Seit 2002 gibt es in Hemmoor bei Hamburg den Verein Humanity's Team Deutschland, der sich für die Verbreitung der Ideen *Walschs* einsetzt. Er steht in engem Kontakt mit einem internationalen Netzwerk, das *Walsch* angeregt hat und seither persönlich begleitet.

Gläserrücken, → *Okkultismus,* → *Spiritismus*

Globales Land des Weltfriedens, eine Initiative, die im Jahre 2000 von → *Maharishi Mahesh Yogi*, dem Gründer der → *Transzendentalen Meditation (TM),* ins Leben gerufen wurde. Dahinter steht der Anspruch, in jedem Land »eine Regierung, frei von Problemen« einzurichten. Für sich selbst hat *Maharishi Mahesh Yogi* dabei eine elterliche Rolle vorgesehen.

Gothic-Szene (= Schwarze Szene), Sammelbezeichnung für eine jugendliche Subkultur, die in der Öffentlichkeit oft vorschnell mit → *Satanismus* gleichgesetzt oder damit in Verbindung gebracht wird. Die Jugendlichen bzw. jungen Erwachsenen der Gothic-Szene verfügen oft über einen höheren Bildungsgrad. Ihre Zugehörigkeit zur Szene bringen sie in der Regel durch schwarze Kleidung, leichenblass geschminkte Gesichter und skurrile Frisuren zum Ausdruck. Das schwarze, mit Todes- und Okkultsymbolen angereicherte Outfit (Pentagramme, umgedrehte Kreuze, Keltenschmuck) bzw. Inszenierungsmittel (Totenkopf, Sarg etc.), ihre Musik und nicht zuletzt eine große Offenheit gegenüber → *Neuheidentum*, neue Hexen und → *Okkultismus* sind typische Ausdrucksformen einer Szene, die sich einem düster-melancholischen wie auch elitären Lebensstil verschrieben hat. Die Ursprünge der Gothics reichen zurück bis Ende der 1970er-Jahre: Für einen ruhigeren und melancholischen Musikstil, wie er von Bands wie *Siouxsie and the Banshees* oder *Bauhaus* gepflegt wurde, kam die Bezeichnung New Wave oder Gothic auf. Inhaltlich gab es im Blick auf die Ablehnung der zeitgenössischen kommerziellen Disco-Musik auch Berührungsflächen mit der Punk-Szene. Die Gothic-Szene bezieht sich auf das schaurige, düster-melancholische Lebensgefühl der im 18./19. Jahrhundert aufgekommenen englischen Schauerromane, der Gothic Novels (u. a. *Edgar Allan Poe*, *H. P. Lovecraft*) sowie lyrische Werke von *Charles Baudelaire* oder *George Gordon Lord Byron*. Gepflegt wird die ästhetische Provokation: Sex und Tod, Schwarz und Weiß – diese Gegensätze prägen die Weltsicht der Gothics. Gewalt und Sachbeschädigungen lehnen sie ab. Ihren eher stillen Protest leben sie ausschließlich im Kreis Gleichgesinnter aus. Dort suchen sie nach Wärme, Melancholie und Verständnis. Die Beschäftigung mit Todessymbolen ist auch als Reaktion auf die gesamtgesellschaftliche Tabuisierung des Todes zu begreifen. Eine wichtige Rolle spielt das alljährlich während des Pfingstwochenendes in Leipzig stattfindende Wave-Gothic-Treffen mit rund 20 000 Teilnehmern. Aktuelle Schätzungen gehen insgesamt von etwa 70 000 bis 90 000 Gothics in Deutschland aus. Einschlägige Szene-Magazine, sog. Fanzines, spielen für den internen Austausch über Musikstil und Lebenseinstellung, aber auch als Kontaktbörse eine wichtige Rolle. An den Rändern wird versucht, die Szene auch auf kommerziellem Wege zu beeinflussen. Unter kritischen Beobachtern wird gegenwärtig kontrovers darüber diskutiert, ob es dabei auch zur rechtsextremistisch-politischen oder satanistisch-ideologischen Instrumentalisierung kommen könnte. Auffällig ist, dass bestimmte okkult-magische Verlage szenetypische Magazine für Werbezwecke nutzen, so etwa zur

Verbreitung der Bücher des Satanisten → *LaVey*. Im einschlägigen *Gothic- und Dark Wave-Lexikon* wird darauf hingewiesen, dass sich satanistisches Gedankengut eher im Bereich des Black Metal bzw. Death Metal finden würde, wobei die Mehrheit der »Goths« Satanismus und damit ausgeübte Gewaltexzesse ablehnten: »Das gängige Erkennungszeichen in Form eines umgedrehtes Kreuzes wird in den allermeisten Fällen zum Zwecke der Provokation angelegt.« Weiter wird betont: Zwar gebe es bei den Gothics ein »Interesse an geheimnisvollen, mystischen, ja dunklen Dingen«, doch »meist bleibt es bei der Theorie«. Angewandte okkulte Praktiken seien in der Szene eher selten.
→ *Hexen, neue*

Gourasana Meditations-Praxis, → *Miracle of Love*

Gralsbewegung, von → *Abd-ru-shin* gegründete Bewegung, die sich selbst als einen freien Zusammenschluss jener versteht, die der Gralsbotschaft folgen bzw. die Texte von *Abd-ru-shin* lesen. Für die Gralsbewegung besteht die Welt aus Strahlungen, die sich mit zunehmendem Abstand von ihrem göttlichen Ursprung bis zur Stofflichkeit verdichten. Folglich ist es Aufgabe des Menschen, sich aus der Stofflichkeit zu lösen und sich an Schönheit, Harmonie und Geistigkeit zu orientieren. Dazu gehört auch ein gesundheitsbewusstes Leben sowie eine Kultivierung der Sexualität als Teil der Grobstofflichkeit. Damit der Geistkeim in die Sphäre des Göttlichen zurückkehren kann, muss der Mensch das Schlechte seines Lebens abarbeiten. Da die Gralsbewegung → *Reinkarnation* und Karma kennt, kann es auch sein, dass ein Mensch in einer Inkarnation schlechtes Karma aus vorher gegangenen Existenzen abarbeiten muss. In eine breitere Öffentlichkeit gelangt die Gralsbewegung durch die ansprechend gestaltete Zeitschrift → *Gralswelt*. Die Gralsbewegung strebt keine feste Organisation an. Es gibt folglich auch keine Mitglieder im engeren Sinne. Man wird jedoch von einigen Tausend Sympathisanten ausgehen können.

Gralswelt, monatlich erscheinende Zeitschrift aus dem Umfeld der → *Gralsbewegung* und deren wichtigstes publizistisches Standbein für die Öffentlichkeitsarbeit. Der Untertitel lautet *Zeitschrift für Geisteskultur und ganzheitliche Zusammenhänge*. Angeboten wird die Zeitschrift an zahlreichen Zeitungskiosken, Bahnhofsbuchhandlungen usw. Thematisiert werden Themen wie: Sterbeforschung, Fragen des Jenseits, Reinkarnation und Karma – freilich überwiegend aus Sicht der Gralsbewegung.

Greber, Johannes (1874-1944), ein ehemaliger katholischer Priester einer Gemeinde im Hunsrück, der 1923 mit einem spiritistischen Zirkel in Kontakt kam und vom anfänglichen Kritiker zum überzeugten Anhänger übersinnlicher Erscheinungen und Geistermitteilungen wurde. Dies brachte ihn in Konflikt mit den Kirchenoberen. *Greber* quittierte den Dienst und bereiste 1929 die USA, hielt Vorträge und gründete in New York eine christlich-spiritualistische Gemeinde. Er verfasste die beiden Werke *Der Verkehr mit der Geisterwelt Gottes* sowie *Das Neue Testament aus dem Griechischen neu übersetzt und erklärt*. In den USA bestand bis vor einigen Jahren die *Johannes Greber* Foundation, die das Schrifttum verwaltete.

Neuerdings werden die Bücher in Deutschland gedruckt und vom Verlag *Oskar Bareuther* in Göppingen vertrieben. Der gleichnamige Inhaber leitet dort eine größere Gemeinschaft. Neben der in Brühl ansässigen Urchristlichen Kirche haben sich »geistchristliche Anhänger« in kleinen Hauskreisen, u. a. in Siegen, Münstereifel und Braunschweig, gesammelt. Sie feiern Gottesdienste, in manchen werden über Medien auch Botschaften empfangen. In Kell, dem früheren Wirkungsort *Grebers*, findet jährlich ein »Geistchristliches Ostertreffen« statt. Im Internet sind einzelne Kreise zu finden unter www.gott-und-christus.de. Kritisch zu hinterfragen ist der Versuch *Grebers*, die Bibel und ihre Botschaft im Sinne des → *Spiritismus* zu deuten.

Gut für Tiere GmbH, Versandhandel für »hochwertige Produkte für Mensch und Tier« mit Sitz in 97834 Birkenfeld, aus dem Umfeld des → *Universellen Leben.*

Gute Nachrichten, Zweimonatsschrift der → *Vereinten Kirche Gottes*, erscheint seit 1997. Dazu gehört auch *Intern, Nachrichtenblatt der Vereinten Kirche Gottes.*

H

Halloween, eigentl. aus der englischen Bezeichnung »All Hallow's Even« heraus entstanden, ist ein dunkles, mit viel Gruseleffekten inszeniertes und von der Werbeindustrie als originelle Marketing-Idee kräftig gefördertes und inszeniertes Fest bzw. Event am Vorabend des 1. November. Halloween bezieht sich ursprünglich auf den Vorabend zum katholischen Feiertag Allerheiligen. Seit Ende der 1990er-Jahre erlebt dieses Fest infolge der Globalisierung und des allgemein schwindenden Interesses an religiösen Feiertagen in Deutschland eine Konjunktur. Ursprünglich als Fest in Irland im christlichen Kontext entstanden, brachten Auswanderer Mitte des 19. Jahrhunderts den irischen Brauch mit in die USA. Dort erlebte das Fest eine neue inhaltliche Ausformung. Der Kürbis bildet seither das Erkennungszeichen. Insgesamt überwiegt in der Inszenierung der gruslige, unheimliche Charakter des Festes, das mit Kostümpartys und entsprechenden Verkleidungen (Hexen, Gespenster, Monster u. a.) begangen wird. Insgesamt handelt es sich bei diesem Gruselspaß in der Erlebnisgesellschaft um ein kindliches Fest. Neuerdings wird darüber diskutiert, ob sich bei Halloween ältere keltisch-heidnische Ursprünge bzw. Überbleibsel davon bis in die Gegenwart erhalten haben, was jedoch von wissenschaftlicher Seite bestritten wird. In manchen christlichen Kreisen wird die Befürchtung geäußert, bei Halloween könnte es sich um ein Einfallstor für → *Okkultismus* und → *Satanismus* handeln. Doch wird damit übersehen, dass Halloween nicht nur seinen ursprünglichen christlich geprägten Entstehungskontext eingebüßt hat, sondern jegliche religiöse Ausrichtung verloren hat. Offensichtlich handelt es sich bei Halloween um ein Fest, das die in der säkularen Gesellschaft verdrängten, dunklen Themen aufgreift und die Möglichkeit gibt, dies spielerisch auszuleben. Die Vermarktung von Halloween hat auch ihre Schattenseite: Verschiedene Jugendzeitschriften reagieren auf die Halloween-Begeisterung und bieten neben Gestaltungstipps einschlägiger Partys auch weltanschaulich-religiöse Selbstzeugnisse (z.B.: »Samantha, 15 Jahre: Ich bin eine Hexe!«) sowie Anleitungen zur individuellen okkult-magischen Praxis wie Pendeln oder Hexerei an.

→ *Magie*

→ *Okkultismus*

Hare-Krishna-Bewegung, 1966 in New York von *Svami Prabhupada* (eigentl. *Abhay Charan De*) als International Society for Krishna Consciousness (ISKCON) gegründete Bewegung, die im weiteren Sinne dem *Hinduismus* zuzurechnen ist. Schnell fand man Sympathisanten in der alternativen Szene. In Westeuropa bzw. Nordamerika war die Krishna-Bewegung viele Jahre das Beispiel für eine alternativ-spirituelle Bewegung oder auch für eine Jugendreligion. An der Bewegung wurde einerseits das Interesse vieler Menschen in den westlichen Gesellschaften für östliche Religion und Spiritualität deutlich, andererseits zeigten sich auch schnell die Konfliktlinien, wenn beispielsweise Jugendliche sich der Krishna-Bewegung zuwandten und die Werte der westlichen Gesellschaften hinter sich ließen. Aber auch die Krishna-Bewegung geriet schon bald in negative Schlagzeilen. Es gab schwere interne Konflikte, sexuelle Übergriffe und einige hochrangige Mitglieder

waren sogar in kriminelle Handlungen verstrickt. Seit Mitte der 1990er-Jahre bemüht sich die Krishna-Bewegung um eine Aufarbeitung problematischer Punkte. Damit sind die Konfliktpotenziale zurückgegangen und es ist deutlich stiller um die Gemeinschaft geworden.
Inhaltlich geht es um ein Krishna-Bewusstsein, das die Bewegung verbreiten möchte. Dieses Krishna-Bewusstsein bedeutet, Krishna zu lieben bzw. zu suchen und sich von der materiellen Welt fern zu halten. Deshalb sieht man immer wieder Krishna-Anhänger, die auf Straßen oder Plätzen das Hare-Krishna-Mantra (Hare-Krishna-Hare-Krishna-Krishna-Krishna-Hare-Hare-Hare-Rama-Hare-Rama-Rama-Rama-Hare-Hare) singen. Wird dieses aufrichtig gesungen, so kann – das ist der Glaube – »das Rad der Wiedergeburten angehalten werden« und die Seele des Menschen findet »unendliche Glückseligkeit«. Damit dieses Chanten wirksam ist, müssen jedoch strenge Regeln eingehalten werden. Die Krishna-Anhänger dürfen sich ausschließlich vegetarisch ernähren (ohne Fisch, Fleisch und Eier), sämtliche Rauschmittel (Alkohol, Drogen, Tabak, Tee) sind untersagt, verboten sind alle Arten von Glücksspielen sowie jede Sexualität, die nicht unmittelbar der Zeugung von Kindern dient. Auch darüber hinaus ist der Alltag strengen Regeln bzw. Vorschriften unterworfen. Für Diskussionen sorgt immer wieder die Behauptung, dass Christus und Krischna in einer wesensmäßigen Beziehung zueinander stünden und folglich das Gebet zu Christus nur die Anrufung Krishnas mit anderen Worten sei. Dieser Gleichsetzung wird von den christlichen Kirchen vehement widersprochen.
Die Krishna-Bewegung ist in Indien, den USA und Westeuropa verbreitet. Man hört auch von missionarischen

Bemühungen in Osteuropa. Weltweit dürfte es etwa 5 000 Vollmitglieder (= Gottgeweihte) geben, in Deutschland etwa 150. Daneben gibt es einen größeren Kreis von Sympathisanten.
→ *Reinkarnation*

Haus der Christosophie, → *Kriele, Alexa*

Heavens Love, → *Kinder Gottes*

Heimat für Tiere – Neue Zeit e. V., Tierschutzverein aus dem Umfeld des → *Universellen Leben*

Heimholungswerk, früherer Name für das → *Universelle Leben*

Hellinger, Bert, → *Familienaufstellungen*

Helsing, Jan van, urspr. Name für den Vampirjäger in *Bram Stokers* Roman *Dracula*, aber auch Pseudonym für den umstrittenen Esoterik-Autor *Jan Udo Holey*.
→ *Verschwörungstheorien*

Hexen, neue, heutzutage positive Selbstbezeichnung von Frauen und Männern, die mithilfe okkult-magischer Rituale innerhalb eines am Jahreskreislauf orientierten Festkalenders naturreligiös orientierte Wege beschreiten wollen. Der Begriff Hexe, der für Frauen und Männer verwendet wird, stammt aus dem mittelhochdeutschen »hagazussa«, was »Zaunreiterin« bedeutet. Ursprünglich bezeichnete das Wort ein mythisches Wesen, das auf der Grenze zwischen dem umzäunten, umhegten und damit geschützten Innenbereich als Symbol für Ordnung, Kultur und Verstand und dem wilden, chaotisch-intuitiven Außenbereich existierte. So erhielt der Begriff »Hexe« wahrscheinlich auch seine negative Bedeutung, da er auf die Bedrohung des umhegten Lebens anspielte. Gegenwärtig gibt es innerhalb des neuen Hexentums vielfältige Richtungen, Ansätze und Organisationsgrade. So gibt es sowohl das individualisierte Hexe-Sein (sog. Freifliegende Hexen) als auch das magisch-rituell in sog. Coven organisierte Hexentum, den sog. Wicca-Kult. Die Bezeichnung geht auf das altenglische Wort »wicca« für »Hexe« zurück. Der Wicca-Kult umfasst verschiedene Richtungen und Traditionsbildungen. Dabei lässt sich die Gardnerianische von der Alexandrianischen Richtung unterscheiden (s. u.). Daneben gibt es weitere Mischformen und individuelle Erweiterungen des Traditionsbestandes.

Die Wurzeln der Wicca-Bewegung, die maßgeblich in Großbritannien entwickelt wurde, reichen bis ins frühe 19. Jahrhundert zurück. Dabei flossen verschiedene Ideen und Vorstellungen zusammen. Hierzu zählen insbesondere → *Okkultismus*, Einflüsse der → *Theosophie* und des Schamanismus sowie volkskundliche Ideen über Wesen und Hintergründe der historischen Hexenverfolgungen in der frühen Neuzeit. Zeitlich ist der Beginn der Wicca-Bewegung Anfang der 1950er-Jahre in Großbritannien anzusetzen. *Gerald Brosseau Gardner* (1884-1964), ein ehemaliger Zollbeamter, zählt hierbei zu den maßgeblichen »Erfindern« bzw. Verbreitern des Gardnerianischen Wicca. Er veröffentlichte in den 1950er-Jahren – nach dem Fall der seit 1735 bestehenden britischen Anti-Hexen-Gesetze (1951), die Hexerei unter Strafe stellten – Bücher wie *Witchcraft Today* oder *The Meaning of Witchcraft. Gard-*

ner, der eigenen Angaben zufolge in einen alten Hexenzirkel initiiert worden sei, hatte auch Kontakt zu mehreren Okkultgruppen seiner Zeit, u. a. auch zu dem Okkultisten *Aleister* → *Crowley*, und konnte sich infolge seines »Wissens« vielfältiger Quellen bedienen. Dabei kam es zur eigenen Traditionsbildung, die besonders mit dem Konzept der Großen Göttin verbunden ist. Typisches Merkmal ist auch die Organisation in Zirkeln, in sog. Coven.

Die zweite Richtung des Wicca-Kults geht auf *Alex Sanders* (1916-1988) zurück, der die Alexandrianische Richtung des Wicca begründete, die sich lediglich in Details von der Gardnerianischen unterscheidet. *Sanders* wurde von Anhängern als »König der Hexen« gefeiert. Er wiederum sorgte für eine publikumswirksame Verbreitung des Wicca-Kults. Angeblich von seiner Großmutter in den Hexenkult eingeweiht, widmete er sich in den folgenden Jahren dem Studium des Hexenkults. Obwohl ihm der Zutritt zu Gardnerianischen Hexenzirkeln verweigert wurde, kam er bald in den Besitz einer Kopie des in den dortigen Kreisen streng gehüteten *Buches der Schatten*, in dem die geheimen und streng gehüteten Hexenrituale aufgezeichnet waren. Seine Kenntnisse nutzte er, um einen eigenen Coven zu gründen. In Deutschland gibt es eine unbekannte Zahl kleinerer Hexenzirkel.

Die Wicca-Religiosität geht vom Glauben an einen Gott und an eine Göttin aus. Sie werden verstanden als »wärmende, liebende Kräfte«, die »das gesamte Universum durchwalten«. Gleichzeitig wird betont, dass das Göttliche im Menschen und in der Natur zu finden sei. Die Ethik der Wicca-Anhänger findet ihren Ausdruck in dem

Satz: »Tu was du willst, aber schade niemandem«. Die magischem Denken verpflichtete Begründung lautet: Denn alles, was man einem anderen zufüge, komme dreifach auf einen selbst zurück. Im Wesentlichen handelt es sich bei Wicca um einen Mondkult. Der Mond in seinen drei Erscheinungsformen (zunehmend, voll, abnehmend) wird mit einer Frau in ihren drei Lebensphasen verglichen (Jungfrau, Mutter, Greisin). Hexentreffen finden bei Vollmond statt, insgesamt 13-mal im Jahr. Die Zahl der Mitglieder eines Hexenzirkels (Coven) darf dementsprechend die Zahl 13 nicht überschreiten. Herkömmlich besteht ein Coven aus Hohepriesterin, Hohepriester, Maid (als Assistentin der Hohepriesterin zu rituellen Zwecken), einigen Arbeitsgemeinschaften und ein oder zwei partnerlosen Mitgliedern. Die Initiation erfolgt in der Regel über drei Grade: (1) Einweihung in den Hexenkult – (2) Erlangung des Status eines Hohepriesters bzw. einer Hohepriesterin mit der Berechtigung, Rituale zu leiten und Hexen des ersten Grades zu unterweisen – (3) In der Regel Initiation eines Paares: Befähigung eines Hohepriesters und einer Hohepriesterin, »einen Coven zu leiten und die Verantwortung für die Initiation anderer zu übernehmen.« Im Zentrum der kultischen Feiern und magischen Rituale stehen 13 Mondfeste und acht sog. »Hexensabbate«. Der Festkalender orientiert sich an Vollmond-Tagen und den jahreszeitlichen Wechsel. Ursprünglich hat Wicca sich als Okkult-Bewegung im eigentlichen Sinn verstanden: Die Lehren und Geheimnisse sollten nur auf den Coven beschränkt bleiben und der Außenwelt verborgen bleiben. Das hat sich seit den letzten zehn Jahren drastisch verändert. Es gibt eine Vielzahl von Büchern, Anleitungsbüchern, Praxishilfen – selbst für Teenager, die »Girlie-Hexen«. So hat ein Insider sicherlich Recht, wenn er schreibt: »Der Geheimlehre von einst sind kaum noch Geheimnisse geblieben« (*Scott Cunningham*). Besonders durch TV-Serien wie »Sabrina – Total verhext« und »Charmed – Zauberhafte Hexen«, wurde der Typ der Girlie-Hexen seit Ende der 1990er-Jahre popularisiert. Begleitend zu diesen Serien veröffentlichen seither Buchverlage vielerlei Anleitungsbücher zu magischen Hexenritualen. Auch in Jugendzeitschriften wird auf den Hexentrend reagiert: mit Hintergrundberichten zu Glauben und Praktiken der neuen Hexen. Für die Karrierefrau von heute gibt es »Hexentipps ab 40«. Frauenzeitschriften greifen das Thema mit Erfahrungsberichten und »Hexen-Ratgebern« auf. Besonders beliebt sind derzeit verschiedene Formen des Hexenkults, die im Gegensatz zu organisierten Formen des neuen Hexentums (z.B. Wicca-Bewegung) vielmehr ich-zentriert und magisch-technisch ausgerichtet sind – ein Trend, der durch gegenwärtige Individualisierungsprozesse beschleunigt wird. War das Interesse am neuen Hexentum in den 1980er-Jahren vor allem auf den Protest gegen eine als patriarchalisch empfundene Gesellschaft bzw. durch die – sicherlich ökologisch motivierte – Rückbesinnung auf die Natur ausgerichtet, so zeichnet sich seit Ende der 1990er-Jahre ein neuer Trend ab: Die Neue Hexe wird zur Identifikationsfigur für die eigene Macht und Stärke, aber auch als Hilfsmittel zur selbstbewussten Selbstinszenierung. Daneben dient die Hexe in der → *Esoterik-Szene* auch als Container-Begriff für verschiedene esoterische Vorstellungen und Praktiken.

→ *Esoterik*
→ *Magie*
→ *Neuheidentum*

Holey, Jan Udo, → *Verschwörungstheorien*

Holic-Bewegung, Verlegenheitsbegriff für eine Bewegung, die sich selbst keinen eigenen Namen gegeben hat. Man versucht, radikal nach dem Vorbild der Urchristen zu leben. Gründer und unumstrittene Autorität der Bewegung ist der Österreicher *Gottfried Holic* (geb. 1943). Ende der 1970er-Jahre gründete er in Wien die erste Lebensgemeinschaft, in der man nach christlichen Idealen zu leben versuchte, seit den 1980er-Jahren missionierte er in Ungarn und Deutschland. Obwohl man die traditionellen Kirchen scharf verurteilt und ihnen mangelnden Glaubensernst vorwirft, wird häufig im Kontext kirchlicher Veranstaltungen (z. B. im Umfeld von Kirchentagen) geworben. Typisch für die Bewegung ist ein einfaches Leben in Wohngemeinschaften. Die Bewegung hält die Mitglieder an, möglichst viel Zeit in bzw. mit der Gemeinschaft zu verbringen. Meist wird jeder Kontakt zum bisherigen Umfeld und zur Familie abgebrochen – es sei denn, die Angehörigen schließen sich ebenfalls der Holic-Bewegung an. Da die Gruppe Organisationsformen ablehnt, gibt es auch keine Angaben zu Mitgliederzahlen. Man schätzt, dass die Holic-Bewegung einige hundert Anhänger hat.

Holosophische Gesellschaft, → *Thakar Sing*

Hubbard, L. Ron, → *Scientology-Organisation*

Humanity's Team Deutschland, → *Gespräche mit Gott*

I

Ibykus, die Zeitschrift für Poesie, Wissenschaft und Staatskunst ist ein Organ der → *Bürgerrechtsbewegung Solidarität.*

Indigo-Kinder, esoterisches Zauberwort für Kinder einer erhofften neuen Generation, die über eine indigofarbene feinstoffliche Aura verfügen soll. Die Farbe Indigo bezieht sich nach esoterischer Vorstellung auf die Farbe des Stirnchakras (= Drittes Auge). Dabei soll es sich um ein Energiezentrum handeln, das im Kopfinnern zwischen den Augenbrauen angesiedelt ist und das Hellsehen bzw. die Fähigkeit, Energie, Visionen und Geister wahrzunehmen reguliert. Seit Frühjahr 2000 sind die Indigo-Kinder auch in der deutschen → *Esoterik-Szene* Thema von Seminaren und Büchern, die im Sinne von Ratgebern betroffenen Eltern Hilfen an die Hand geben wollen. Häufig wird diesen Kindern – so die Meinung von Esoterik-Autoren – fälschlicherweise von fachärztlicher Seite das Etikett »ADHS« (Aufmerksamkeits-Defizit-Hyperaktivitäts-Störung«) angeheftet. Wie es heißt, sei »es Zeit für die Welt, umzudenken und die wundervolle, lichtvolle, spirituelle und liebevolle Seite der Kinder aus dem Schatten des Syndrom- und Krankheitsdenken ins Licht zu rücken«. Dieses Konzept geht zurück auf die übersinnlich begabte US-Amerikanerin *Nancy Ann Tappe*, die der Indigofarbe charakterliche Eigenschaften zuordnete. Demnach sei diese Generation von Kindern, die seit den 1970er-Jahren scharenweise auf die Erde kämen, zwar mit schwierigen Persönlichkeitsmerkmalen ausgestattet, jedoch hätte sie ihrer indigofarbenen Aura entsprechende spirituelle Fähigkeiten. Sie gelten in esoterischen Konzeptionen als Vorläufer der wiederum jüngeren → *Kristall-Kinder*. Das in vielerlei esoterischen Ratgeber-Büchern für Eltern und Erzieher entfaltete Konzept der Indigo-Kinder erweist sich letztlich als Inbegriff einer fortschrittsoptimistisch gestimmten Heils- und Zukunftshoffnung, die jedoch in der Gefahr steht, den betreffenden Kindern tatsächliche medizinische Hilfe vorzuenthalten.

Inspirit. Zeitschrift für geisterfülltes Christsein, Zweimonatszeitschrift der → *Gemeinde Gottes – Cleveland*

International Association of Scientologists (IAS), weltweite Mitgliedsorganisation der → *Scientology-Organisation*. Das Zentrum der 1984 in Saint Hill (England) gegründeten Organisation ist in Grinstead/Großbritannien. Die International Association of Scientologists ist für die weltweite Expansion, das Sammeln von Geldspenden und für die sog. »Kriegskasse« zuständig, mit welcher der »Kampf« gegen die Scientology-Kritiker und andere »Gegner« finanziert und die Kampagnenfähigkeit der Organisation gesichert wird.

International Churches of Christ, im Jahre 1979 von dem Amerikaner *Kip McKean* vor einem christlich-evangelikalen Hintergrund gegründete Bewegung. *McKean* entwickelte die für die Bewegung typischen Methoden des Shepherding (shepherd = Schäfer/Hirte) und des Discipling (disciple = Jünger/Anhänger), die einerseits die vergleichsweise zügige Ausbreitung der Gemeinschaft ermöglichten,

andererseits aber auch zu einer ständigen Quelle von Konflikten wurden. Aussteiger berichten von einem autoritären Führungsstil, der keinen Widerspruch zulässt. Jedem Mitglied ist ein im Glauben älteres Mitglied als Hirte zugeordnet, während gleichzeitig die jüngeren Mitglieder gehalten sind, neue Interessenten zu werben, für die diese dann Hirte sein können. Diese Hirten stehen in einem engen Kontakt mit den jüngeren Glaubensgeschwistern und besprechen mit diesen alle moralischen und theologischen Fragen. Es wird Gehorsam gegenüber den Hirten verlangt. Zu fragen ist, inwieweit diese Unterordnung unter Glaubensgeschwistern nicht die Freiheit in Christus (vgl. Gal. 5,1) beschädigt. Ehemalige Mitglieder berichten, dass sie zur Aufgabe der eigenen Persönlichkeit gedrängt wurden, was im Sprachgebrauch der Gemeinschaft als »das eigene Ich kreuzigen« bezeichnet wird.
Es gibt Gemeinden in den USA und in zahlreichen europäischen Ländern. In Deutschland befinden sich Zentren in Berlin, München und Düsseldorf. Weltweit sollen sich bis zu 80 000 Menschen zu den Gemeinden zählen. Bundesweit dürfte es etwa 500 Mitglieder geben. Gemessen an der Zahl der Mitglieder dürfte keine zweite religiöse Gemeinschaft in Deutschland derart viele Konflikte und Aussteiger wie die International Churches of Christ hervorgebracht haben. Derzeit soll es vorsichtige Reformbemühungen geben. Unter www.icoc.de findet man umfangreiche, kritische Informationen.

Internationale Gemeinde(n) Christi, → *International Churches of Christ*

Internationale Gesellschaft für Krishna-Bewusstsein, → *Hare Krishna-Bewegung*

Internationale Missionsgesellschaft der Siebenten-Tags-Adventisten, Reformationsbewegung, eine von zahlreichen Abspaltungen von der Freikirche der → *Siebenten-Tags-Adventisten.* Verwirrend wird die Lage dadurch, dass die Internationale Missionsgesellschaft auch unter zahlreichen anderen Namen auftritt. So zum Beispiel als Missionswerk Eben Ezer, als Internationale Missionsgesellschaft Kennst Du die Bibel?, als Internationale Missionsvereinigung sowie unter dem Namen Edelstein-Verlag. Die weit verbreiteten Flugblätter der Missionsgesellschaft zeichnen sich durch eine heftige anti-katholische und anti-ökumenische Polemik aus. So wird die Ökumene unter Hinweis auf 2. Thess 2,3f als der »große Glaubensabfall« beschrieben. Das Missionswerk entstand zu Beginn des Ersten Weltkriegs. Damals hatten die Siebenten-Tags-Adventisten ihren Mitgliedern den Militärdienst erlaubt, worauf ein Flügel strenggläubiger Adventisten sich lossagte. Daraus entstand die Internationale Missionsgesellschaft der Siebenten-Tags-Adventisten, Reformationsbewegung. Sie hat heute etwa 400 Mitglieder in Deutschland. Weltweit sollen es etwa 25 000 sein.

Internationale Schule des Goldenen Rosenkreuzes, → *Lectorium Rosicrucianum*

Interreligiöser und Internationaler Friedensrat (IIPC), eine Initiative der → *Vereinigungsbewegung*

Interreligiöse und Internationale Föderation für Weltfrieden (IIFWP), eine Initiative der → *Vereinigungsbewegung*

ISKCON, → *Hare Krishna-Bewegung*

J

Jasmuheen, → *Lichtnahrung*

Jehovas Zeugen, → *Zeugen Jehovas*

Jesus-Freaks, eine in den 1990er-Jahren in Hamburg entstandene, christlich-missionarische Bewegung, die außerhalb etablierter kirchlicher Strukturen im Milieu von Aussteigern, Punks und mitunter auch Drogenabhängigen Zulauf findet. Gründer war *Martin Dreyer* (geb. 1965), der selbst aus der Szene kommt und selbst eine Bekehrung zu Jesus erlebt hat, die sein Leben radikal veränderte. Typisch für die Jesus-Freaks ist ein unkonventioneller, mitunter flippiger und »freakiger« Zugang zum Christentum bzw. zu Jesus Christus. Bei den Gottesdiensten fallen die lockeren und legeren Formen (»Ey, Jesus liebt dich – Er ist die Number One in meinem Leben.«), die schrille Musik und die lockeren Umgangsformen auf. So ist es nicht verwunderlich, dass die Jesus-Freaks in erster Linie Jugendliche und junge Erwachsene erreichen. Auch wenn man die mitunter (sehr) einfache Theologie kritisch sieht, muss man anerkennen, dass die Jesus-Freaks eine Erschei-

nungsform christlicher Existenz in der Jugendkultur repräsentieren.
Die Bewegung hat sich vergleichsweise schnell ausgebreitet. Heute dürfte es mehr als 100 Gruppen in mehreren europäischen Ländern geben. Die Gesamtzahl der Sympathisanten liegt bei etwa 5 000. Die Gemeinden sind locker untereinander vernetzt. Wichtig ist das jährliche Gesamttreffen (= Freakstock) in Gotha (Thüringen). Zur Unterstützung der internationalen Ausbreitung wurde die Missionsgesellschaft World Wide Pizza Service gegründet.

Johannische Kirche, gegründet 1926 von *Joseph* → *Weißenberg* (1855-1941), bekannt bis 1975 unter dem Namen »Evangelisch-Johannische Kirche nach der Offenbarung St. Johannis«. *Weißenberg* ist jedoch nicht nur der Gründer der Johannischen Kirche, er gilt hier vielmehr als personenhafte Offenbarung Gottes. Im Glaubensbekenntnis heißt es: »Ich glaube an Gott den Vater, ich glaube an Gott den Sohn, ich glaube an Gott den Heiligen Geist und an Gottes Offenbarungen durch Mose, Jesus Christus und *Joseph Weißenberg.*«
Weißenberg war eine kantige und unbequeme Persönlichkeit. 1903 eröffnete er in Berlin eine Praxis als Heilpraktiker und gründete die »Christliche Vereinigung ernster Forscher von Diesseits nach Jenseits, wahrer Anhänger der christlichen Kirchen«. In den Versammlungen traten sog. Sprechwerkzeuge auf, die »Geistfreundreden« hielten. Diese Ansprachen sah *Weißenberg* in einer gewissen Analogie zum in der Bibel beschriebenen Reden »in anderen Zungen«. Entschieden kämpfte er gegen die liberale Theologie seiner Zeit. Ab 1920 wurde südlich von

Berlin, in den Glauer Bergen (bei Trebbin), die Siedlung Friedensstadt aufgebaut. Mitte der 1920er-Jahre gerieten *Weißenberg* und seine Anhänger in Konflikte mit der Evangelischen Kirche. 1926 wurde, nach teilweise heftigen Auseinandersetzungen mit der Evangelischen Kirche, die Evangelisch-Johannischen Kirche nach der Offenbarung St. Johannis gegründet, die schon bald etwa 100 000 Mitglieder hatte. Der Machtantritt *Hitlers* 1933 wurde von *Weißenberg* und seinen Anhängern zuerst begrüßt. Man geriet jedoch schnell in Konflikte mit den neuen Machthabern. 1935 wurde die Gemeinschaft verboten. Es folgte die Enteignung der Friedensstadt und im Mai wurde der fast 80-jährige *Weißenberg* verhaftet. Nach der Verbüßung mehrjähriger Haftstrafen wurde er nach Schlesien verbannt. Hier starb *Weißenberg* in Obernigk am 6. März 1941.

1946 konnte die Arbeit mit etwa 6 000 Mitgliedern von *Weißenbergs* Tochter *Frieda Müller* (1911-2001) neu aufgenommen werden. Die Teilung Deutschlands stellte die Gemeinschaft, deren Hauptverbreitungsgebiete sich in Berlin und Brandenburg befinden, vor große Schwierigkeiten. In Berlin (West) entstand 1957 das Kirchenzentrum im St.-Michaels-Heim, das DDR-Zentrum befand sich im Kirchenzentrum Blankensee, unweit der Friedensstadt. Die eigentliche Friedensstadt wurde nach der Enteignung von der SS besetzt und war von 1945 bis 1994 in der Hand der sowjetischen Armee. Nach dem Abzug der Besatzungstruppen konnte die Johannische Kirche die Friedensstadt bzw. die ruinengleichen Reste derselben wieder in Besitz nehmen. Der Aufbau dauert an.

Heute hat die Johannische Kirche etwa 3 500 Mitglieder. An der Spitze der (theokratisch geordneten) Kirche steht als Oberhaupt *Weißenbergs* 1949 geborene Enkelin *Josephine Müller*. Die Gemeinschaft spendet vier Sakramente: Eine Taufe (nur durch Handauflegung ohne Wasser vollzogen), ein Abendmahl (einmal jährlich gefeiert), das Sakrament der geistigen Heilung (unter Handauflegung möglichst einmal im Monat zu empfangen) und das Sakrament des Sterbens, das die scheidende Seele mit Gott verbinden soll.

Die Kirche zeichnet sich durch soziales Engagement aus. Johannische Christen sind weltoffen und bodenständig; gleichwohl kann nicht verschwiegen werden, dass sie sich mit ihrem Glauben an *Weißenberg* als den verheißenen Tröster (in Bezug auf Joh. 14,16; 16,12 ff.) von den anderen christlichen Kirchen weit entfernt haben. Die Johannische Kirche gibt die Wochenzeitung → *Weg und Ziel* heraus.

Jugendreligionen, in den 1970er-Jahren des vergangenen Jahrhunderts entstandener Begriff, mit dem neue und bis dahin unbekannte religiöse Phänomene bezeichnet wurden. Als Jugendreligionen galten damals: Ananda Marga, die Divine Light Mission, die → *Bhagwan-Bewegung*, die → *Kinder Gottes*, die → *Hare-Krishna-Bewegung* (*ISKCON*), die → *Scientology-Organisation*, die → *Transzendentale Meditation* sowie die → *Vereinigungsbewegung* des Koreaners *San Myung Moon*.

Mit dem Begriff Jugendreligionen wollte man auf zwei charakteristische Merkmale dieser Gruppierungen hinweisen: Es handelt sich nicht um → *Sekten* im klassischen Sinne einer Abspaltung von einer christlichen »Mutterkirche«, sondern überwiegend um Organisationen, die ihre religiöse Heimat in asiatischen Religionen haben. Und:

Diese Gruppen sprachen in erster Linie Jugendliche in einem Alter von etwa 15 bis 25 Jahren an. Diese Mission unter Jugendlichen und Studenten führte zu zahlreichen Konflikten und verlieh der Diskussion um die Jugendreligionen eine eigene öffentliche Dynamik. Vor dem Hintergrund dieser Kontroversen sind sog. »Eltern- und Betroffeneninitiativen gegen psychische Abhängigkeiten« entstanden, in denen – wie der Name sagt – Betroffene ihre Erfahrungen mit den Jugendreligionen zu verarbeiten suchten. Trotz aller Unterschiede zwischen den einzelnen Jugendreligionen kann man das Konfliktpotenzial darauf zurückführen, dass im Zentrum der Gruppe zumeist ein spiritueller Meister (= Guru) steht, der mit gottähnlichen oder zumindest andere Menschen weit überragenden Fähigkeiten ausgestattet ist. Allein dieser »heilige Meister« verfügt über das »rettende Konzept« und konstituiert damit die heile Gemeinschaft, die »gerettete Familie«. Seit dem Anfang der 1990er-Jahre wird das Stichwort Jugendreligionen kaum noch benutzt. Das liegt in erster Linie daran, dass sich das Milieu der Jugendreligionen entscheidend ausdifferenziert hat: Während einige – beispielsweise Ananda Marga oder die Divine Light Mission praktisch bedeutungslos geworden sind, haben andere – beispielsweise die Scientology-Organisation – ihren Einfluss erheblich ausbauen können und sind zum Gegenstand öffentlicher, auch politischer Diskussionen geworden. Gerade mit Blick auf Scientology zeigt sich, dass die traditionellen Kriterien für eine Jugendreligion – Jugendliche werden angesprochen und der religiöse Hintergrund ist geprägt von östlicher Religiosität – keinen Sinn mehr haben: Denn die Zielgruppen von Scientology sind Unternehmer und leistungsorientierte Personen mittleren

Alters und ein religiöser Gehalt wird Scientology von fast allen Beobachtern abgesprochen.
Von den genannten Jugendreligionen ist die Hare-Krishna-Bewegung nach wie vor aktiv, auch wenn sie an Konfliktpotenzial verloren hat. Dafür gibt es inzwischen neue Bewegungen asiatischen Ursprungs, deren Konfliktpotenzial dem der früheren Jugendreligionen in nichts nachsteht. Das gilt beispielsweise für die Gruppen um → *Sathya Sai Baba*, → *Sri Chinmoy* und → *Sant Thakar Sing*. Kaum wahrnehmbar ist inzwischen auch die Bhagwan-Bewegung – zumindest als institutionelle Größe. Das gilt jedoch nicht für viele Ideen des Bhagwan: Diese leben in der alternativen Therapie- bzw. → *Psychoszene* weiter und spielen hier eine nicht zu unterschätzende Rolle. Der Begriff der Jugendreligionen hat sich innerhalb von nur zwei Jahrzehnten selbst überlebt; er beschreibt eine Gattung, die es nicht mehr gibt. Dass sich ein derart griffiger und in den Medien weit verbreiteter Begriff binnen weniger Jahre überholt, kann als Hinweis auf die Schnelllebigkeit der alternativ-religiösen Szene gewertet werden.

K

Katholisch-Apostolische Gemeinden, eine Bewegung, deren Wurzeln in den Jahren 1832-1835 liegen. Damals hatten sich in England und Schottland Persönlichkeiten zusammengefunden, weil sie über die Lage von Kirche und Gesellschaft besorgt waren. In diesen Kreisen wurden durch Propheten zwölf Männer zu Aposteln berufen; damit waren, so das Selbstverständnis, die urchristlichen Ämter nach Eph 4,11 wieder hergestellt. Das geistliche Zentrum der Bewegung war in Albury, südlich von London. Die Bewegung breitete sich auch in Deutschland aus. Man erwartete die Wiederkunft Christi noch zu Lebzeiten der zwölf Apostel. Als 1855 drei Apostel verstarben, geriet die Bewegung in eine schwere Krise. Umstritten war, ob neue Apostel berufen werden sollten. Aus jenem Flügel, der für die Berufung neuer Apostel votierte, entstand in den nächsten Jahren die spätere → *Neuapostolische Kirche*. Ein Teil der Bewegung verzichtete jedoch auf die Berufung neuer Apostel und akzeptierte so das langsame Aussterben der Amtsträger. Da einige Amtshandlungen somit schon seit Jahrzehnten nicht mehr möglich sind, geht auch die Zahl der Gemeindeglieder stetig zurück. Die Bedeutung der Katholisch-Apostolischen Gemeinden besteht bis heute jedoch darin, dass sie in besonderer Weise für die Einheit und Vollendung der Kirche Christi eingetreten sind. Die Katholisch-Apostolischen Gemeinden haben sich selbst als ein Werk des Herrn verstanden und sahen sich berufen, die »eine, heilige und apostolische Kirche« wieder herzustellen. Man kann sie also mit einem gewissen Recht als einen Wegbereiter der ökumenischen Bewegung bezeichnen.

Kawwana – Kirche des Neuen Aeon, von 1999 bis 2003 in München und Wien mit öffentlichen Events in Erscheinung getretene esoterische »Kirche« mit Dogmen und magischen Ritualen. Gründer und »Vicarius« der in München ansässigen Kirche des Neuen Aeon ist der Diplom-Psychologe, Esoteriker und bekannte Bestsellerautor *Thor-*

wald Dethlefsen (geb. 1946). Lehre und Praxis von Kawwana sind nicht christlich, sondern esoterisch-kabbalistisch geprägt. Teilweise finden sich in diesem Konzept auch spiritistische bzw. magische Einflüsse des Züricher Psychotherapeuten, Esoterikers und spiritistischen Mediums *Oskar Schlag* (1907-1990) wieder. *Dethlefsen* bezieht sich auf eine Wesenheit namens *Ari*. Gemeint ist damit der Geist eines Menschen, der im 16. Jahrhundert gelebt haben soll. Auf dessen Anweisungen, die wohl auf medialem Wege im engsten Kreis um *Dethlefsen* empfangen werden, beruht die magische Arbeit von Kawwana. Das ursprünglich hebräische Wort Kawwana soll eine bestimmte Art des Betens bezeichnen, »nämlich die Inbrunst und die Hingerichtetheit auf das Ziel«. Neben kabbalistischen Elementen finden sich in den elf Grundpfeilern, die *Dethlefsen* in einer internen Veröffentlichung entfaltet hat, auch esoterisch-magische Aspekte, die teilweise antiken Mysterienreligionen entlehnt sind. *Dethlefsen* betrachtet Kawwana als vom Höchsten Gott persönlich und direkt eingesetzt, um einen neuen Heilungsprozess für die Welt einzuleiten. Die eigentliche magische Anbindung an den Gnadenstrom von Kawwana wird durch eine Art Taufritual, die Symmachia, vollzogen. Wie *Dethlefsen* während der Veranstaltung am 6. Januar 2003 erläuterte, werde Symmachia in Zukunft nicht mehr in der Öffentlichkeit vollzogen, sondern nur noch im inneren Kreis. Er riet dazu, die Mitgliedschaft zu anderen religiösen Gruppen aufzugeben. Bis Anfang 2003 fanden sieben magische Events statt, mit jeweils bis zu 800 Teilnehmern. Im Zentrum standen dabei Fest- und Heilungsrituale, zuletzt auch die Symmachia, bei der sich mehrere hundert Personen in den »magischen Strom von Kawwana eingliedern lassen

konnten. Seit 2003 will der Kreis um *Dethlefsen* sich einzelnen Zielgruppen zuwenden. Geplant sind vor allem Angebote für ältere Menschen und Kinder. Zuletzt führte er im Jahr 2003 im Botanischen Garten in München mehrere Veranstaltungen für Menschen ab 50 Jahre durch (Eintrittspreis in Höhe von 500 bzw. 555 Euro). Bisher nahm *Dethlefsen* bei Kawwana als »Vicarius« eine unumschränkte Machtposition ein, die kritisch zu hinterfragen ist. Sein religiöser Anspruch wirkt weit überzogen. Wenngleich bei neueren Veranstaltungen nicht mehr die Kirche des Neuen Aeon einlädt, sondern vielmehr *Dethlefsen* selbst, so ist der Anspruch des magischen Konzepts und die Selbstüberhöhung des Münchener Bestsellerautors keineswegs außer Kraft gesetzt. Besonders Gebildete (Ärzte, Psychologen u. a.) zählen zur treuen Anhängerschar des Bestsellerautors *Dethlefsen*. Es handelt sich um einen Personenkreis, der bereit ist, sich ideell und finanziell auch längerfristig für die Pläne des »Vicarius« zu engagieren. Es ist damit zu rechnen, dass die Magie-Arbeit im engsten Kreis fortgesetzt und der elitäre Anspruch des Kawwana-Kreises weiter vertieft wird. Seit 2004 scheint das Kawwana-Projekt von *Dethlefsen* nicht weiter verfolgt zu werden. Seither laden er und seine Ehefrau *Kerstin* in München im Botanikum bzw. in der Ainmillerstraße zu Privat-Seminaren ein.
→ *Esoterik*

Kettenbriefe, → *Aberglaube*

Kinder Gottes (= The Children of God), gegründet 1968 in Kalifornien von *David Berg* (1919-1994). Diese Gemeinschaft muss im Kontext der Hippie-Bewegung gesehen werden. *David Berg* (auch *Mose Davis* oder *MO*) missionierte in der alternativen Szene Kaliforniens und suchte »Revolutionäre für Jesus«. Schon bald geriet die Bewegung in schwere Konflikte, weil *Berg* seinen weiblichen Anhängern nahe gelegt hatte, mithilfe sexueller Avancen neue Anhänger zu werben (= flirty fishing). *Berg* verlangte unbedingten Gehorsam; seine Äußerungen galten als Weisungen Gottes. Kommuniziert wurden *Bergs* Verlautbarungen mithilfe sog. MO-Briefe, im Stil von Comics gehaltener Broschüren. Zahlreiche Aussteiger haben später berichtet, dass sexuelle Übergriffe an der Tagesordnung waren. Mitunter wurde sexuelle Hingabe sogar mit Bibelzitaten eingefordert. Die dabei gezeugten Kinder wurden Babys für Jesus genannt. Die Kinder Gottes haben kein Lehrgebäude im strengen Sinne entwickelt. Es lassen sich jedoch einige Grundgedanken benennen: Dazu gehören Endzeitvorstellungen (*D. Berg* als Prophet der Endzeit), die Abwertung der vorfindlichen Kirchen und Religionen als Teil Satans sowie der Versuch, abstruse sexueller Vorstellungen als Bild für die Liebe Gottes anzubieten. Immer wieder gab es juristische Auseinandersetzungen um sexuellen Missbrauch von Kindern. Seit Mitte der 1990er-Jahre ist es stiller um die Bewegung geworden. Man bemüht sich um einen Neuanfang, jedoch ohne die Vergangenheit hinreichend aufzuarbeiten. Wenig Vertrauen erweckend ist schließlich, dass die Bewegung unter häufig wechselnden Namen auftritt. So wurden jüngst folgende Bezeichnungen verwendet: The Family, Family of Love oder Heavens Love. Die Bewegung ist in Europa und in Nordamerika verbreitet. Es gibt keine verbindlichen Angaben zu Mitgliederzahlen; jedoch ist von einigen tausend Mitgliedern weltweit auszugehen. Das Zentrum für Europa befindet sich in Zürich.

Kirche Christi mit der Elias-Botschaft, eine von zahlreichen Religionsgemeinschaften, deren Wurzeln auf *Joseph Smith* (1805-1844), den Gründer der Mormonen zurückgehen. Nachdem *Smith* relativ jung verstorben war, spaltete sich seine Bewegung in zahlreiche Splittergruppen auf. In einer dieser Abspaltungen trat 1927 *Otto Fetting* (1871-1933) mit der Botschaft auf, dass ihm Johannes der Täufer erschienen sei. *Fetting* will auf diesem Wege Botschaften erhalten haben. Später gab es wegen dieser *neuen* → *Offenbarungen* und einigen daraus folgenden Fragen zahlreiche Konflikte. Die Kirche Christi mit der Elias-Botschaft wurde 1929 gegründet. Glaubensgrundlage ist die Heilige Schrift, *Das Buch* → *Mormon* sowie die erwähnten neuen Offenbarungen. Im religiösen Leben spielen Endzeiterwartungen eine große Rolle. Alkohol und Tabak werden strikt abgelehnt. Weltweit soll es etwa 125 000 Mitglieder geben – in Deutschland einige hundert.
→ *Kirche Jesu Christi der Heiligen der Letzten Tage*

Kirche des letzten Testaments, → *Vissarion*

Kirche des Neuen Aeon, → *Kawwana*

Kirche Jesu Christi, → *International Churches of Christ*

Kirche Jesu Christi der Heiligen der Letzten Tage (= Mormonen), der wichtigste und einflussreichste Zweig einer Gruppe von Religionsgemeinschaften, die auf den Amerikaner *Joseph Smith* (1805-1844) zurückgehen. *Smith* will auf geheimnisvollen Wegen in den Besitz von Texten gelangt sein, die er 1830 erstmals unter dem Titel *The book of Mormon – Another Testament of Jesus Christ* (= *Das Buch Mormon. Ein weiterer Zeuge für Jesus Christus*) herausgegeben hat. Ab dieser Zeit sammelte *Smith* seine (bald zahlreichen) Anhänger um sich. Schon bald entstanden jedoch Konflikte in der Frage, ob man sich in den Glaubens- und Lebensfragen allein auf *Das Buch Mormon* konzentriert, oder ob sog. neue Offenbarungen die Lehre fortlaufend weiter entwickeln. Dieser Grundkonflikt führte dazu, dass sich immer wieder Gruppen von Mormonen abgespalten haben. Heute gibt es etwa 70 Gemeinschaften, die zur Gruppe der Mormonen (genauer: Mormonismus) gehören. In deutschen Sprachraum sind davon nennenswert: Die → *Gemeinschaft Christi* (besser bekannt als Reorganisierte Kirche Jesu Christi der Heiligen der Letzten Tage) und die → *Kirche Christi mit der Elias-Botschaft*. Die weltweit wichtigste und einflussreichste Gemeinschaft aus diesem Spektrum ist jedoch die Kirche Jesu Christi der Heiligen der Letzten Tage, die umgangssprachlich oftmals mit dem irreführenden und verkürzten Begriff Mormonen bezeichnet wird. Sachgemäßer wäre die Formel Utah-Mormonen, weil das organisatorische und spirituelle Zentrum der Gemeinschaft seit 1847 in Salt Lake City im (späteren) US-Bundesstaat Utah ist.

In das Gebiet von Salt Lake City hatte *Brigham Young* 1847 einen großen Teil der vormaligen Anhänger *Smith'* geführt. Hier etablierte sich die Gemeinschaft. Heute gelten die Utah-Mormonen als die am schnellsten wachsende Religionsgemeinschaft in den USA. Im 20. Jahrhundert sind sie auch weltweit rasant gewachsen. Inzwischen gibt es beispielsweise *Das Buch Mormon* in mehr als 100 Sprachen. Weltweit gehören zu den Utah-Mormonen fast 12 Millionen Menschen. In Deutschland leben etwa 36 000 Mitglieder; hier sind täglich etwa 700 Missionare der Utah-Mormonen unterwegs, um die Menschen für den Glauben der Kirche Jesu Christi der Heiligen der Letzten Tage zu werben. Die Missionserfolge in den deutschsprachigen Ländern sind bescheiden, weltweit jedoch beachtlich. Kern des Glaubens der Utah-Mormonen ist die Vorstellung, dass der Mensch eine gewaltige Entwicklung machen kann und nach seinem Tod selbst zu Gott werden kann. Hierfür sind jedoch bestimmte Rituale notwendig, die nur im Tempel vollzogen werden können. Dazu gehört beispielsweise eine »Versiegelung« (das sog. Endowment) und eine spezielle Taufe. Da diese (heilsnotwendige) Taufe auch für bereits verstorbene Personen quasi nachträglich möglich ist, kennen die Utah-Mormonen auch die stellvertretende Taufe. Deshalb betreiben sie intensive Ahnenforschung, um Verstorbene posthum zu taufen, damit diese die höchste Stufe der Seeligkeit erreichen können. Die Utah-Mormonen haben folglich ein exklusives Heilsverständnis. An ökumenischen Kontakten besteht kein Interesse. Aus Sicht der christlichen Kirchen sind die Utah-Mormonen – trotz ihrer vielfältigen Hinweise auf Jesus Christus – keine christliche Kirche, sondern »Christen jenseits der Christenheit«.

Klar und Wahr, bis 1998 monatlich erscheinende Zeitschrift der → *Weltweiten Kirche Gottes* mit dem Untertitel *Eine Zeitschrift zum besseren Verständnis.* In den USA erschien die von *Herbert W. Armstrong* (1892-1986) gegründete Zeitschrift erstmals 1934 unter dem Titel *Plain Truth*;

seit 1961 erschien eine deutschsprachige Ausgabe, die kostenlos versandt wurde. Als Herausgeber war viele Jahre ein Ambassador-College angegeben. In der Zeitschrift wurden jene extremen Positionen vertreten, die damals auch für die Weltweite Kirche Gottes typisch waren. So wurde beispielsweise 1973 festgestellt, dass das Osterfest ein heidnischer Kult sei, an dem sich Christen keinesfalls beteiligen dürften. Die Auflage lag 1998 bei etwa 11 000 Exemplaren.

Königreichssaal, Versammlungsraum der → *Zeugen Jehovas*

Kommission für Verstöße der Psychiatrie gegen Menschenrechte (KVPM), eine der → *Scientology-Organisation* nahe stehende Initiative. Unter dem Vorwand, Missstände in der Psychiatrie bekämpfen zu wollen und deren »zerstörerischen Einfluss« auf unterschiedliche Bereiche der Gesellschaft deutlich zu machen, wird die psychiatrie-kritische Haltung des Gründers von Scientology, *L. Ron Hubbard*, fortgeschrieben. Ziel der Arbeit ist es, Menschen für die Ideologie der Scientology-Organisation zu interessieren.

Kreis für geistige Lebenshilfe, → *Bruno Gröning-Freundeskreis*

Kriele, Alexa, esoterische »Engel-Dolmetscherin« (geb. 1961), seit 2000 durch mehrere Auftritte in TV-Talkshows (u. a. bei *Biolek*, *Fliege* und *Kerner*) bekannt geworden. Nach dem Studium der Philosophie und Psychologie arbeitete sie zunächst in Argentinien, später in Vorarlberg in der

Erwachsenenbildung und im Journalismus. Seit 1994 soll sie in Kontakt mit Engeln stehen und tritt unter der Bezeichnung Haus der Christosophie mit Büchern, Seminar- und Beratungsangeboten in Erscheinung. Zwischen 1998 und 2001 veröffentlichte sie den vierbändigen Engel-Kursus *Wie im Himmel, so auf Erden*, der sich als Einführung in die christliche Engelkunde versteht. Die Übermittlung der Engelsbotschaften läuft nach Angaben ihres Ehemannes, des ehemaligen Verfassungsrichters in Nordrhein-Westfallen, *Prof. em. Dr. Martin Kriele*, in folgender Weise ab: »Alexa schließt die Augen, versenkt sich in Ruhe, spricht still das Vaterunser, das Ave Maria und eine Reihe weiterer Gebete, um jeden störenden Einfluss nicht lichter Wesen auszuschließen. Dann wird ihr Elion wahrnehmbar, ein Engel des Vaters. Seine Darlegungen spricht Alexa dann wie eine Simultan-Dolmetscherin laut nach.« Neben einer Vielzahl von Büchern – zuletzt *Mit den Engeln das Leben meistern* (2003) – bietet sie auch Engelsstunden für Ratsuchende zum Preis von 180 Euro pro Stunde an. Zusätzlich im Angebot: ein Engelspielekoffer sowie das Spiel »Spielend abnehmen«. Um das Angebot herum hat sich ein Kriele-Kreis gebildet, der durch einen internen Rundbrief informiert wird. In den Engelsbotschaften mischen sich u. a. anthroposophische, christliche und esoterische Elemente. Maßgeblichen Einfluss auf die Entstehung und gedankliche Ausformung der Botschaften hat offensichtlich der Ehemann der Engel-Dolmetscherin genommen, der sich zuvor intensiv mit der → *Anthroposophie* befasst hatte und seit seiner Emeritierung als Professor die Arbeit von Ehefrau *Alexa* intensiv begleitet. Er tritt bei Engelssitzungen als Fragesteller auf. Das Vorwort zu den einzelnen Engelbüchern entstammt seiner Feder. Infolge der Publizität von *Alexa Kriele* und ihrer Bücher hat sich ein Publikumskult entwickelt, der dem Bedürfnis von Menschen nach unkonventioneller bzw. alternativer Lebenshilfe und Sinnstiftung entgegenkommt.

Kristall-Kinder, ein maßgeblich auf das US-amerikanische Channel-Medium *Lee Carroll* (→ *Kryon*) zurückgehendes und von der esoterischen Buchautorin *Doreen Virtue* verbreitetes esoterisches Zauberwort für Kinder mit angeblich übersinnlichen Fähigkeiten. Fälschlicherweise wurden sie von fachärztlicher Seite als Kinder »mit anomalen Sprachmustern« bzw. als Autisten abgestempelt. Die Kristall-Kinder sollen große, durchdringende Augen haben und besonders wissend sein. Zudem würden sie eine verzögerte Sprachentwicklung aufweisen. Wie die → *Indigo-Kinder*, denen nach esoterischer Überzeugung die herkömmliche Medizin bzw. Psychologie das falsche Etikett, das sog. ADHS (Aufmerksamkeitsdefizit-Hyperaktivitäts-Störung), anheftet, sollen auch sie hochgradig sensitiv sowie medial veranlagt sein und ebenfalls bedeutsame Lebensaufgaben vor sich haben. In ihrem Wesen würden sich beide Typen jedoch grundlegend unterscheiden. So soll die Indigo-Generation, die sich jetzt im Alter zwischen sieben bis 25 Jahre befindet, ein eher kriegerisches Naturell aufweisen. Im Unterschied dazu zeichnen sich die Kristall-Kinder durch »ein rundum glückliches, gelassenes und ausgeglichenes Naturell« aus. Nach Auffassung der Esoterikerin *Virtue* sind sie »unbeschwert-leichtlebig« und nachsichtig. Zur Verhältnisbestimmung beider esoterischer Kindergenerationen heißt es in einem einschlägigen Buch: »Die Kristall-Kinder bilden jene Generation, die aus der bahnbrechenden Pionierarbeit der Indigos Nutzen zieht.

Die Indigo-Kinder gehen sozusagen mit dem Buschmesser voran und machen alles nieder, dem es an Integrität fehlt. Die Kristall-Kinder folgen ihnen nach – auf dem geräumten Pfad, der in eine ungefährlichere, heilere und sicherere Welt führt.« Die neue Generation der Kristall-Kinder soll hochtelepathisch sein. Ihre Repräsentanten hätten »wunderbar mehrfarbige, opalisierend schillernde Auren in pastelligen Schattierungen« und seien von Kristallen und Steinen fasziniert. Der in der → *Esoterik-Szene* häufig anzutreffende Fortschrittsoptimismus spiegelt sich deutlich in der Aussage wider: »Genau wie sich die Menschheit aus ihrer ursprünglichen Affenähnlichkeit höher entwickelt hat, so stellen die Kristall-Kinder einen greifbaren und handfesten Beweis dar, dass wir tatsächlich evolutionäre Fortschritte machen.« Die Seelen dieser hochsensitiven Kinder würden sich jeweils ein Elternhaus aussuchen, »das ihnen ein geistig unterstützendes und bereicherndes Milieu« zu bieten vermag. Eltern würden diese Kristall-Kinder infolge ihrer Hypersensitivität und Verletzbarkeit auf der Erde oft falsch empfangen. Nach Aussagen der Wesenheit *Kryon* vollziehe sich bis zum Jahr 2012 eine »Verschiebung des Magnetischen« auf der Erde. Um die menschliche DNS herum befinde sich eine kristalline Schicht, die im Begriff sei, neu geschrieben zu werden. Anlässlich des *Kryon*-→ *Channeling* am 10. Oktober 2003 in Hamburg verbreitete *Lee Carroll* die Botschaft: Wenn der Mensch bereit sei, sich seine eigene Göttlichkeit zu Eigen zu machen, würde sich ein wichtiger Wechsel vollziehen: Es könnten sich »Wissen und Weisheit auf der Erde entwickeln ... Die Kinder, die ihr die Indigokinder nennt ... und die Kristallkinder ... sie werden zu den Katalysatoren werden, die tatsächlich Regierungen in Bewegung bringen können«. Kritisch gilt es hier anzumerken: Die esoterische Zukunftshoffnung sucht sich stets neue Themen und illustriert sie mit immer neuen Farben. Mit der Vorstellung von Kristall-Kindern verbindet sich die Erwartung eines »ablesbaren« spirituellen Evolutionssprungs der Menschheit. Aber das ist nur ein Aspekt des Phänomens. Wichtiger noch scheint zu sein, dass die Esoterik nun, nachdem Themen wie Gesundheit und Ernährung sich zu erschöpfen drohen, auch die Pädagogik für sich entdeckt. Die Zielgruppe entsprechender Angebote sind dabei nicht etwa die Kinder, sondern vielmehr die esoterisch interessierten Erwachsenen bzw. Eltern, die sich von solchen spirituellen Uminterpretationen fachärztlich diagnostizierter Krankheitsbilder neue Impulse für die Erziehung ihrer verhaltensauffälligen Kinder erhoffen. Das jüngste Beispiel der Kristall-Kinder zeigt zum wiederholten Male, dass die Esoterik-Szene damit gesellschaftliche sowie persönliche Bedürfnislagen von Eltern und Erziehern aufspürt und mit entsprechender Ratgeber-Literatur »bearbeitet«. Offensichtlich haben Esoterik-Autoren hier ein spezielles Sensorium entwickelt, das sich bei näherem Hinsehen weniger als übersinnlich, denn als besonders merkantil erweist.

Kryon, gesprochen: Krájon, nach eigenen Aussagen der Schwingungsname einer Engelwesenheit, die die Menschheit beim Übergang in ein neues Zeitalter begleiten soll. Derzeit gibt es mehrere Medien, über die sich Kryon durch → *Channeling* mitteilen soll. Am bekanntesten und populärsten dürfte das US-amerikanische Medium *Lee Carroll* sein, ein ehemaliger Geschäftsmann aus San Diego, der seit 1989 im Dienst von Kryon steht. Im Internet heißt es hierzu: »Einer der Aspekte von Kryon ist der Meister des Magnetismus. Dieser ist derzeit (1989 bis ca. Ende 2002) dabei, das Magnetgitter der Erde neu auszurichten (zu verschieben). Dieses Tun schafft die physikalische (magnetische) Voraussetzung dafür, dass die Menschheit und der Planet Erde in das Bewusstsein des Neuen Zeitalters eintreten ... und einen Lichtkörper (erleuchtetes Bewusstsein) entwickeln können.« Zu Beginn des aktuellen Channeling stellt Kryon sich jeweils vor mit den Worten: »Seid gegrüßt, Ihr Lieben, ich bin Kryon vom Magnetischen Dienst«. Von 1998 bis 2002 sind sieben von insgesamt neun deutschsprachigen Übersetzungen der Kryon-Bücher über das Medium *Lee Carroll* im Ostergaard Verlag in Überlingen am Bodensee erschienen. *Carroll* hat gemeinsam mit Ehefrau *Jan Tober* das in der → *Esoterik-Szene* inzwischen etablierte Zauberwort → *Indigo-Kinder* mit Büchern und einschlägiger Ratgeber-Literatur bekannt gemacht.

Kultur im Leben und Denken e. V., ein Verein aus dem Umfeld des → *Universellen Leben*

Kunst des Lebens (= Art of Living), → *Sri Sri Ravi Shankar*

L

Landmark-Education, gegründet 1971 von *Werner Erhard* (eigentl. *John Paul Rosenberg* bzw. *Jack Rosenberg*). Mit diesem Pseudonym verbindet sich ein Programm. Denn es greift auf die Namen von *Werner* (*Heisenberg* = bedeutender Physiker) und (*Ludwig*) *Erhard* (= »Vater« des deutschen Wirtschaftswunders) zurück. Es geht also im weiteren Sinne um Erfolg und Leistung. Angeregt wurde die Gründung von Landmark durch eine Art Berufung, die *Erhard* 1971 erlebt haben will. Vorerst nannte *Erhard* seine Schulungen Erhard-Seminar-Trainings bzw. est-Training. Seit etwa 1985 firmiert das Unternehmen unter dem Namen FORUM (EST), seit 1991 unter dem Namen Landmark-Education. Die Angebote versprechen Persönlichkeitsentwicklung bzw. Erfolg im Berufs- und Privatleben. In der eigenen Werbung ist die Rede von »Stunden, die dein Leben verändern«. *Erhards* Philosophie kann man in folgendem Satz zusammenfassen: »Du bist Gott in deinem Universum. Du hast es hervorgebracht.« Auffällig ist das rigorose Kursprogramm: So erstreckt sich beispielsweise ein Angebot über drei Tage, an denen von 9 Uhr bis Mitternacht gearbeitet wird. Absolute Pünktlichkeit wird erwartet, keine Kommunikation unter den Teilnehmern, Sprechen nur im Stehen, kein unnötiges Verlassen des Raums usw. Zentrale Seminar-Methode ist das sog. coaching, eine Art Frage-Antwort-Dialog zwischen dem Leiter und dem Teilnehmer. Hier kommen vor zahlreichen Zuhörern oftmals sehr persönliche, mitunter auch intime Details zur Sprache. Einige dieser Methoden sind psychotherapeutischen Techniken entlehnt,

andere erinnern an → *Scientology*. Das ist kein Zufall, denn *Erhard* hat selbst einige Erfahrungen mit Scientology gemacht.
Landmark ist sehr umstritten. Es gibt zahlreiche Berichte von Kursteilnehmern, die die Angebote sehr negativ erlebt haben. Sie berichten von manipulativen Techniken, von gravierenden Eingriffen und Übergriffen in die Privatsphäre und von der Zerstörung der Persönlichkeit. Gewiss gibt es auch andere Erfahrungen. Landmark gehört jedoch zu jenen Angeboten, die einen hohen Nachfrage- und Informationsdruck bei Beratungsstellen auslösen. Im Internet finden sich viele kritische Berichte. Weltweit gibt es knapp 60 Büros. Seit 1985 sollen an den Seminaren etwa 600 000 Personen teilgenommen haben. Landmark versteht sich als kommerzielles Angebot. Die Seminare sind folglich kostenpflichtig.

LaRouche-Bewegung, → *Bürgerrechtsbewegung Solidarität*

LaVey, Anton Szandor (1930-1997), ehemaliger US-amerikanischer Polizeifotograf, gründete 1966 aus einem Okkultzirkel (→ *Okkultismus*) die Church of Satan in San Francisco/USA, eine dem → *Satanismus* zuzurechnende Gruppe, die in ihren besten Zeiten wohl kaum mehr als 1 000 Anhänger zählte. Nicht zuletzt durch prominente Mitglieder wie z. B. *Jayne Mansfield*, *Roman Polanski*, *Sammy Davis Jr.* oder den bekannten Musiker *Marilyn Manson*, der seiner Autobiografie zufolge in der Church of Satan von *LaVey* selbst zum Priester eingesetzt worden sein soll, erlangte sie einen legendären Ruf. Sie begreift Satan als Symbol für absolute persönliche Freiheit und lehrt einen radikalen Individualismus. Letztlich wird das Heil im

Diesseits gesucht – in Abgrenzung zu den traditionellen Religionen. Dazu dienen Lustgewinn und das Ausleben des eigenen Potenzials. Der Satanismus wird damit zum Instrument, das Recht des Stärkeren zu leben. Zu den bekannten Schriften *LaVeys* zählen u. a. die *Satanische Bibel* (1969), *Die Satanische Hexe* (1971) sowie *Die Satanischen Essays* (1972), deren jeweilige deutsche Übersetzung seit Ende der 1990er-Jahre im Berliner Second Sight Books Verlag erscheinen. Dieser wiederum bewirbt die Bücher regelmäßig in einschlägigen Magazinen der → *Gothic-Szene*. In Deutschland dürfte es nur sehr wenige Anhänger geben, obwohl die deutsche Internetseite versichert, die Organisation der Church of Satan laufe hierzulande »auf Hochtouren«.

Lebe gesund, Versandhaus für biologische Lebensmittel mit Sitz in 97828 Altfeld. Steht dem → *Universellen Leben* nahe.

Lectorium Rosicrucianum (LR), andere Bezeichnung: Internationale Schule des Goldenen Rosenkreuzes, spezielle Richtung innerhalb der modernen esoterischen → *Rosenkreuzer*-Gruppen. Gegründet wurde das LR von dem Niederländer *Jan Leene* (1896-1968), der unter dem Pseudonym *Jan van Rijckenborgh* die rund 40 maßgeblichen Schriften verfasste. Ursprünglich aus einer niederländischen rosenkreuzerischen Studiengruppe in den 1920er Jahren hervorgegangen, wurden die Grundlagen der »Geistesschule« bereits ab 1924 bzw. zwischen 1936 und 1953 intensiver erarbeitet. Als offizielles Gründungsdatum gilt der 25. September 1935. An diesem Tag wurde die Satzung des LR von der holländischen Regierung anerkannt. Das LR, das sich in Lehre und Praxis auf uralte Mysterienschulen und die Gnosis beruft, will nach eigenen Angaben »Wahrheitssucher auf dem goldenen Faden, der aus dem Labyrinth unserer gebrochenen Realität zur Wahrheit führt, hinweisen und sie damit verbinden.« Das LR bietet für den Einzelnen einen Befreiungsweg an: Der Schüler kann mithilfe von »Erneuerungskonferenzen« und »Tempeldiensten« einen mehrstufigen Transfigurationsweg beschreiten, um in einen neuen, göttlichen Menschen verwandelt zu werden. Der internationale Hauptsitz des LR befindet sich in Haarlem (Niederlande). In der Bundesrepublik gibt es drei Verwaltungszentren bzw. »Konferenzorte« in Bad Münder (Nord), Birnbach (West) und Calw (Süd). In Birnbach ist auch der DRP Rosenkreuz Verlag ansässig, der das umfangreiche Schrifttum für den deutschen Bereich und die zweimonatlich erscheinende Zeitschrift *Pentagramm* vertreibt. Das LR bietet in verschiedenen deutschen Städten neben öffentlichen Vorträgen auch eine Informationsreihe über die Philosophie des modernen Rosenkreuzes an, die einen Zyklus von zwölf Vorträgen umfasst. Die gesamte Informationsreihe ist in der Regel über zwölf Wochen verteilt und findet jeweils am gleichen Wochentag statt. Gegenwärtig gibt es in Deutschland 23 Zentren mit rund 2500 aktiven Schülern sowie etwa 2000 Personen, die zum Interessentenkreis zu zählen sind. Aus christlicher Sicht sind das neugnostische Menschenbild und der angebotene Befreiungsweg kritisch zu hinterfragen. Christliche Begriffe werden mit einem neuen esoterischen Inhalt gefüllt. Es ist offensichtlich, dass infolge der vom LR vertretenen Distanz zur Welt beim Einzelnen positive Impulse zur Weltverantwortung und -gestaltung geradezu verhindert werden.

Liahona, nahezu weltweit verbreitete Monatsschrift der → *Kirche Jesu Christi der Heiligen der Letzten Tage* (= Mormonen). Das Wort Liahona ist dem *Buch* → *Mormon* entnommen; es bedeutet Kompass oder Wegweiser.

Lichtheim, → *Thakar Sing*

Lichtkreis Christi, eine von *Harald Stößel* (1900-1994), einem früheren Anhänger der Schriften *Jakob* → *Lorbers* in den 1970er-Jahren gegründete Gruppe, die sich auf Neuoffenbarungen von Jesus Christus beruft. Hauptwerk ist die zwölfbändige *Neue Bibel,* von der allerdings erst ein Band erschienen ist. Das Werk gilt zusammen mit dem Alten und Neuen Testament als Die Heilige Drei-Einheit. Nach dem Tod des Gründers, der sich auch als *Petrus* bezeichnete, ist *Edgar Kaucher* der Leiter des Lichtkreises Christi, dem rund 200 Personen angehören. Sitz des Vereins ist in Übersee am Chiemsee. Die Anhänger treffen sich im privaten Rahmen, aber auch zu regelmäßigen Feierstunden. Zu Weihnachten, Ostern und Pfingsten finden nicht öffentliche überregionale Treffen, meist in Süddeutschland, statt. Die unregelmäßig erscheinende Zeitschrift heißt *Stimme des Herrn.*
→ *Offenbarungen, neue*

Lichtnahrung, die Australierin *Jasmuheen* (*Ellen Greve*), geb. 1956, lebt nach eigenen Angaben seit 1993 ausschließlich von sog. Lichtnahrung. Sie propagiert die gleichnamige Ernährungsweise in Workshops, Seminaren und Büchern als einen Weg zu mehr Wohlbefinden und zur Lösung vieler sozialer Probleme. Folgt man *Yasmuheen,* so besteht die Lichtnahrung in einem völligen Verzicht auf herkömmliche Ernährung und traditionelle Getränke. Stattdessen soll man sich auf »vergeistigte« und »unsichtbare« Nahrung umstellen. Diese wird auch als Prana-Ernährung bezeichnet (Prana = Lebensenergie). *Yasmuheen* unterstellt, dass die irdische Nahrungsaufnahme die göttlichen Kräfte behindert. Erst wenn keine Nahrung mehr aufgenommen wird, fließen die göttlichen Energien wieder und die Durchsagen der »aufgestiegenen Meister« können vernommen werden (→ *Channeling*). Inzwischen wird von *Yasmuheen* und ihren Anhängern ein sog. 21-Tage-Prozess beschrieben, der bei der Nahrungsumstellung helfen soll: Hierbei gibt es in der ersten Woche gar nichts zu trinken oder zu essen, später lediglich Fruchtsaft. Inzwischen hat es auch erste Todesfälle gegeben. Ärzte warnen vor ernsthaften Schäden an den inneren Organen, wenn mehrere Tage lang auf jegliche Flüssigkeitszufuhr verzichtet wird.

Likatier, → Stamm der Likatier

Lorber, Jakob (1800-1864), wuchs in der Steiermark in einfachen Verhältnissen auf. Am 15. März 1840 erlebte er seine Berufung zum »Schreibknecht Gottes«. Seit diesem Tag diktierte ihm eine innere Stimme unzählige Texte über Jesus Christus, kosmologische Fragen, eschatologische Themen, das Jenseits usw., aber auch zu Alltagsfragen wie Kindererziehung und zur Kochkunst. Insgesamt ist ein Gesamtwerk von etwa 10 000 Druckseiten entstanden. Umstritten ist die Bewertung der Texte. Während *Lorbers* Anhänger hierin authentische, von Gott diktierte Texte sehen, unterstreichen Kritiker die Verhaftung der Texte im 19. Jahrhundert und im Weltbild *Lorbers*.

Sie gelten Kritikern als Versuch, die anbrechende Moderne zu bewältigen. *Lorber* gilt als Haupt einer Prophetenschule, weil nach seinem Tode immer wieder Personen aufgetreten sind, die meinten, jenes »innere Wort« hören zu können. Das Werk Lorbers wird oft als Neuoffenbarung bezeichnet.

→ *Offenbarungen, neue*

Lorber-Bewegung, das nur lose organisierte Spektrum von Anhängern der Schriften des Neuoffenbarers *Jakob* → *Lorber* (1800-1864), der sich als Schreibknecht Gottes bezeichnete. Zur Lorber-Bewegung können gezählt werden: der Lorber-Verlag, die Lorber-Gesellschaft, die deutschlandweit vertretenen Lorber-Kreise sowie eine nicht näher bekannte Zahl von unorganisierten Anhängern und Lesern des umfangreichen Schrifttums. Der Lorber-Verlag (Inhaber: *Friedrich Zluhan*) im württembergischen Bietigheim-Bissingen, der die Bücher *Lorbers* und weiterer Empfänger göttlicher Kundgaben verlegt, bildet das publizistische Herz der Lorber-Bewegung. Er gibt auch die Zeitschrift *Das Wort* heraus. Eng verbunden mit dem Verlag ist auch das Jakob-Lorber-Förderungswerk e. V., das sich für die Verbreitung und die Übersetzung der Werke in andere Sprachen einsetzt. Die 1949 gegründete Lorber-Gesellschaft, die von 1924 bis 1937 ihren Vorläufer in der Neusalems-Gesellschaft hatte und bis 1981 durch den Verlagsleiter in Personalunion mit dem Lorber-Verlag verbunden war, hat nach internen Differenzen eigene Wege zur Verbreitung des Gedankengutes beschritten. Seit 1981 gibt der Verein mit Sitz im oberbayerischen Hausham die kostenlos verbreitete Zeitschrift → *Geistiges Leben* heraus. Die Lorber-Gesellschaft bemüht sich um den Kontakt zu den Freundeskreisen und führt jährliche Tagungen durch. Neuerdings zeichnet sich wieder eine deutliche Annäherung an den Verlag ab. In Deutschland gibt es nach Schätzungen etwa 30 Lorber-Kreise, in denen – so die Selbstbezeichnung – die Geistesfreunde bzw. Geistesgeschwister das umfangreiche Schrifttum *Lorbers* studieren und sich darüber austauschen. Ein Kirchenaustritt wird nicht gefordert. Viele der Lorber-Anhänger sind Mitglieder der christlichen Kirchen. Differenzen mit den Kirchen gibt es hinsichtlich der Einschätzung der Werke *Lorbers*, die von den Anhängern als Neuoffenbarung bzw. als zentraler Interpretationsschlüssel zur Heiligen Schrift begriffen werden. Über die Lorber-Kreise hinaus gibt es eine unbekannte Zahl von Lesern der Schriften *Lorbers* bzw. Sympathisantenkreise. Einflüsse des Schrifttums *Lorbers* zeigen sich u. a. beim → *Bruno-Gröning-Freundeskreis*, im Werk des Komponisten *Karlheinz Stockhausen*, in Teilen der → *Ufo-Bewegung* sowie in verschiedenen neuoffenbarerisch orientierten Kreisen und Gruppenbildungen wie etwa → *Lichtkreis Christi*, → *Bund der Rose* und, wenngleich in stark versekteter Form, beim → *Universellen Leben.*

Lorenzianer, eine fast ausschließlich in Sachsen verbreitete Gemeinschaft mit etwa 4 500 Anhängern, die auch unter dem Namen Gemeinschaft in Christo Jesu bekannt ist. Gegründet 1922 von *Hermann Lorenz* (1864-1929), der zahlreiche *neue* → *Offenbarungen* empfangen haben will und in der Gemeinschaft als Vollender des Erlösungswerkes Christi gesehen wird. Das spirituelle Zentrum befindet sich in der → *Elias-Burg* in Pockau-Lengefeld. Hier werden auch die Niederschriften *Lorenz'* aufbewahrt, denen von den Anhängern eine höhere Bedeutung zugesprochen wird als der Heiligen Schrift. Das religiöse Leben der Lorenzianer ist durch einen starken Dualismus und durch eine starke Endzeiterwartung geprägt. Obwohl die Anhänger vielfach auch Mitglieder der Evangelischen Landeskirche sind, hat sich Letztere 1998 von den Lorenzianern distanziert. Die Lorenzianer leben eher unauffällig und zurückgezogen. So verwundert es auch nicht, dass es (bisher) keine eigene Homepage gibt.

M

Magie, in zahlreichen Okkultbewegungen, bei neuen Hexen und satanistischen Richtungen ein zentraler Bestandteil des Weltbildes und der rituellen Praxis. Magie hängt begrifflich mit Macht zusammen. Allgemein wird darunter der Versuch verstanden, mithilfe von Beschwörungen und speziellen Handlungen materielle und nichtmaterielle Dinge zu beeinflussen. Das Ziel dabei ist, das herkömmlich dem Menschen Unverfügbare dem Willen des Magiers zu unterwerfen. Damit verbunden ist die Vorstellung, man könne durch besonderes Wissen, Formeln und Handlungen diese Kräfte nutzen, um damit Macht und Einfluss zu gewinnen.

→ *Aberglaube*
→ *Okkultismus*
→ *Hexen, neue*
→ *Neuheidentum*
→ *Satanismus*

Maharishi-Effekt, eines der zentralen Versprechen der → *Transzendentalen Meditation* (*TM*), wonach Kriminalität, Unfälle, Arbeitslosigkeit und andere negative Ereignisse zurückgehen würden, wenn 1% der Bevölkerung die TM-Meditation ausüben würde.

Maharishi Mahesh Yogi, Gründer und spirituelles Oberhaupt der → *Transzendentalen Meditation.* Geboren und aufgewachsen in Indien, brachte *Maharishi Mahesh Yogi* sein spirituelles System in den 1950er-/1960er-Jahren des vergangenen Jahrhunderts in die USA und nach Europa. Kurzzeitig waren sogar die Beatles von *Maharishi* angetan. Seit Ende der 1980er-Jahre lebt *Maharishi* in Vlodrop/Holland, von wo aus er die Aktivitäten der TM-Bewegung mit ihren zahlreichen Unterorganisationen leitet. Von seinen Anhängern wird *Maharishi* als »Seine Heiligkeit« tief verehrt.

Maharishi Weltfriedensstiftung, im März 2003 in Oebisfelde gegründete Stiftung aus dem Umfeld der → *Transzendentalen Meditation* (*TM*), die das Ziel verfolgt, in zahlreichen großen Städten Deutschlands bzw. weltweit sog. → *Friedenspaläste* zu errichten.

Mahnmal für die Millionen Opfer der Kirche, eine dem → *Universellen Leben* nahe stehende Initiative. Man bemüht sich, ein Denkmal für die »Millionen Opfer der Kirche« zu errichten. In Verlautbarungen wurde der irreführende Eindruck erweckt, die Bundesregierung wäre in die Überlegungen einbezogen und würde bereits über die künstlerische Gestaltung des Mahnmals und einen möglichen Standort diskutieren. Dieses Thema scheint jedoch in der

Öffentlichkeit kaum Resonanz gefunden zu haben, sodass die Bemühungen in letzter Zeit reduziert wurden. Gelegentlich wird die Zeitung *Mahnmal aktuell* herausgegeben.

Medizinisch-Wissenschaftliche Fachgruppe (MWF), 1992 innerhalb des → *Bruno-Gröning-Freundeskreises* gebildete Vereinigung, der nach eigenen Angaben über 6 000 in Heilberufen tätige Menschen aus 60 Ländern angehören. Mediziner, die der MWF angehören, sollen die durch den Heilstrom eintretenden Heilungen überprüfen und Informationsvorträge für Fachkollegen anbieten. Mit der dem Freundeskreis angeschlossenen Fachgruppe gelingt es den Gröning-Anhängern – auch auf internationaler Ebene – immer wieder, mit einschlägigen Veranstaltungen Zugang zu Krankenhäusern und Universitäten zu bekommen und für die »Heilung auf dem geistigen Weg« zu werben.

Mehr Geld für den Bürger, eine Initiative aus dem Umfeld des → *Universellen Leben*

Miracle of Love, innerhalb der → *Esoterik-Szene* in Erscheinung tretende Gruppe. Sie wirbt u. a. unter der Bezeichnung Gourasana Meditations-Praxis in örtlichen Esoterik-Zeitschriften mit einem »Programm, das die Möglichkeit bietet, eine persönliche, direkte Verbindung mit Gott und deinem wahren Wesen in Gott zu erfahren.« Das Konzept, das mithilfe von Transformationsenergie Menschen zur Liebe Gottes zurückführen möchte, geht zurück auf *David Swanson* (1950-1995), in dessen Körper sich *Lord Gourasana* zwischen 1987 und 1995 manifestiert haben soll. Seit dem Tod *Swansons* ist seine Witwe, die sich *Kalindi La Gourasana* nennt, die Prophetin, die diesen Weg verkündet. Im esoterischen Konzept von Miracle of Love mischen sich verschiedene religiöse Elemente aus unterschiedlichen Traditionen. Hinzu kommen Anleihen aus der therapeutisch-spirituellen Alternativszene. Interne Publikationen deuten darauf hin, dass Gottesnähe in sinnlich-erotischer Ekstase erlebt werden soll. *Kalindi* liefert dafür die notwendige Anleitung. Neben Einführungskursen werden neuntätige Intensivseminare angeboten, die in San Diego/USA stattfinden. Enge Verbindungen scheint es in Deutschland zu The Quest for Truth Institute in Pullach bei München zu geben – ein Institut, das von Kritikern als »Frontorganisation« von Miracle of Love eingestuft wird. Die Gruppierung um *Kalindi Gourasana* wird straff geführt und grenzt sich zur Außenwelt hin ab. Wie so oft ist dies für spirituelle Sucher und Teilnehmer von Einführungsveranstaltungen nicht zu durchschauen.

Missionsgesellschaft zur Erhaltung und Förderung Adventistischen Glaubensgutes (MEFAG), eine der zahlreichen Abspaltungen von der Freikirche der → *Siebenten-Tags-Adventisten.* Diese Gruppe publiziert Broschüren und Flugblätter wie das sehr weit verbreitete Faltblatt *Fakten der Zukunft*, das durch massive Polemik gegen die römisch-katholische Kirche auffällt. Entstanden ist die MEFAG um das Jahr 1987, als ihr späterer Leiter von der damaligen Berliner Vereinigung der *Siebenten-Tags-Adventisten* ausgeschlossen wurde. In zahlreichen Offenen Kanälen ist der von der Gemeinschaft produzierte Videofilm *Die Enthüllung der biblischen Offenbarung* zu sehen.

Die Gesellschaft hat einige 100 Mitglieder in Deutschland.

Mormon, das Buch mit dem genauen Titel *Das Buch Mormon, ein weiterer Zeuge für Jesus Christus* gehört zu den Heiligen Schriften der → *Kirche Jesu Christi der Heiligen der Letzten Tage*

Mormonen, → *Kirche Jesu Christi der Heiligen der Letzten Tage*

Mun-Bewegung, → *Vereinigungsbewegung*

Mutter Meera, eigentl. *Kamala Reddy*. Bei Balduinstein in der Nähe von Limburg/Lahn residiert eine Inderin (geb. 1960), die von ihren Anhängern als → *Avatar* (= Herabkunft einer Gottheit) verehrt wird. Über *Mutter Meera* ist wenig bekannt. Sie ist seit 1982 mit einem Deutschen verheiratet und »obgleich sie nicht die Öffentlichkeit gesucht hat, kommen tausende von Menschen aus der ganzen Welt, um ihren Darshan zu erhalten«. Beim Darshan handelt es sich um eine kurze, aber intensive Begegnung: Der Besucher kniet vor *Mutter Meera* nieder und sie berührt leicht seinen Kopf; dann richtet sich der Gast in kniender Haltung auf und blickt ihr ins Gesicht. Erst jetzt öffnet sie kurz ihre Augen, um nach wenigen Sekunden wieder in sich zu versinken. In der Literatur von *Mutter Meera* wird Darshan als eine »stille Übermittlung von Segen und Licht durch ihren Blick und ihre Berührung« beschrieben. Europäern wird nahe gelegt, zweimal im Monat Darshan zu nehmen, jedoch sind beim ersten Besuch vier Sitzungen hintereinander notwendig. Der Andrang ist groß: Mitunter kommen 200 Besucher, die teilweise eine weite Reise hinter sich haben. Ihre Anhänger berichten voller Dankbarkeit vom Darshan: »Aus ihren Fingern fließen Ströme von Liebe und Mitgefühl bis in dein innerstes Sein ...« In einer hauseigenen Schrift heißt es: »Mutter Meeras einzigartiges Geschenk an die Welt besteht darin, dass sie zum ersten Mal in der Geschichte der Erde das transformierende Licht des Paramatman – des Höchsten Wesens – zugänglich macht.« Sie gilt als »lebendige Inkarnation der göttlichen Mutter«. Für europäische Verhältnisse ist es erstaunlich, dass einem Menschen – noch dazu einem lebenden und vergleichsweise jungen Menschen – eine solche Würde zugesprochen wird. Interessant ist auch, dass die Faszinationskraft der *Mutter Meera* nicht ihn ihren Worten, Gedanken oder Ideen liegt, sondern lediglich in ihrer Ausstrahlung. Aus christlicher Perspektive ist jedoch festzuhalten: Es gibt gewiss gute und sehr gute Menschen – aber es gibt nur einen Gott.

N

Nachfolge, Zweimonatszeitschrift der → *Weltweiten Kirche Gottes.* Die Auflage liegt bei etwa 8 000 Exemplaren.

Narconon, eine der → *Scientology-Organisation* nahestehende Initiative. Unter dem Vorwand der Drogenrehabilitation wirbt Narconon ähnlich wie → *Criminon* für die Ideologie bzw. Technik der Scientology. Kritiker weisen darauf hin, dass bei Narconon die Abhängigkeit von Drogen durch die Abhängigkeit von Scientology ersetzt wird. Narconon ist in vielen Ländern tätig. Die Zentrale für Deutschland ist in 25524 Itzehoe. In das Umfeld der Scientology gehört auch www.sag-nein-zu-drogen.de.

Naturgesetz-Partei, der → *Transzendentalen Meditation* (*TM*) nahe stehende Partei, die wie eine Öko-Partei auftritt, jedoch in erster Linie die Ideen von → *Maharishi Mahesh Yogi* und der Transzendentalen Meditation (TM) in die Öffentlichkeit tragen will. Das Parteiprogramm verspricht Wirtschaftssteigerung, Verbesserung der Bildung, saubere Umwelt, weniger Kriminalität, Senkung der Kosten für das Gesundheitswesen um 50% und weitere utopische Ziele. In der Verteidigungspolitik schlägt die Naturgesetz-Partei vor: »Die Bundesregierung sollte eine Gruppe von 7000 Yogischen Fliegern (= TM-Meditierende) einrichten. Diese Gruppe kann schon mit weniger als 0,1% des Bundeshaushalts unterhalten werden. Als Alternative könnten beispielsweise auch 2% der Bundeswehrsoldaten, d.h. ca. 7000 Personen, als Gruppe Yogischer Flieger eingesetzt werden.« Auch für internationale Einsätze empfiehlt die Naturgesetz-Partei der Bundeswehr eine »Vedische Verteidigungsstrategie«.
Die Wahlergebnisse der Naturgesetz-Partei waren in den letzten Jahren sehr bescheiden. (Bundestagswahl 1998: 30619 Zweitstimmen (= 0,1%), 2002 nicht angetreten.) Die Partei ist auch in anderen Ländern (Holland, Frankreich, England, USA, Indien usw.) aktiv.

Neo-Sannyas-Bewegung, → *Bhagwan-Bewegung*

Neuapostolische Kirche (NAK), mit etwa 385 000 Mitgliedern die größte christliche Sondergemeinschaft in Deutschland. Sie hat wesentlich mehr Mitglieder als alle evangelischen → *Freikirchen* zusammen und mehr als doppelt so viele wie die → *Zeugen Jehovas*. Die Wurzeln der NAK reichen in das England des 19. Jahrhunderts zurück. Hier entstanden zwischen 1832 und 1835 die sog. → *Katholisch-Apostolischen Gemeinden*. Ähnlich der fast zeitgleich in den USA entstandenen → *Kirche Jesu Christi der Heiligen der Letzten Tage* verstanden sich diese Gemeinden als das »wieder aufgerichtete Erlösungswerk unseres Herrn«, als die »wahre Kirche Christi« in der Endzeit. Theologische Streitigkeiten führten 1863 in Hamburg zur Abspaltung der Allgemeinen Christlichen Apostolischen Mission; aus dieser Wurzel ist – über weitere Zerwürfnisse – die Neuapostolische Gemeinde bzw. die NAK entstanden. Auch in den nächsten Jahrzehnten geschahen immer wieder Spaltungen. Zu nennen sind hier beispielsweise das → *Apostelamt Jesu Christi*, die → *Gemeinschaft des göttlichen Sozialismus* und die → *Apostolische Gemeinschaft*. Wahrscheinlich hat keine zweite Religionsgemeinschaft im deutschen Sprachraum derart viele Abspaltungen hervorgerufen wie die NAK.
Für die NAK ist die wahre Kirche Christi an das Amt des Apostels gebunden. Dieser Apostel ist »der von Gott erwählte Bevollmächtigte Jesu Christi«, der »Botschafter an Christi Statt«. Aus neuapostolischer Perspektive ist Kirche im Vollsinn nur da möglich, wo Apostel sind. Dieser Befund ist für das theologische Selbstverständnis der NAK grundlegend – und er wird von den anderen christlichen

Kirchen bezweifelt. Sie sagen, das Apostelamt war an die Beauftragung durch Jesus Christus gebunden und ist heute nicht mehr zwingend notwendig.
Die NAK kennt drei Sakramente: Neben Taufe und Abendmahl steht die »Versiegelung«, die nur ein neuapostolischer Apostel spenden kann. In der NAK bedeutet dieses Sakrament die Spendung des Heiligen Geistes. Da diese als wesentlicher Teil der Wiedergeburt betrachtet wird, ist damit indirekt allen Christen außerhalb der NAK die Gotteskindschaft abgesprochen. Die NAK betont den Endzeitgedanken: Das Glaubens- und Heilsziel besteht darin, bei dem »nah erwarteten Wiederkommen Jesu« dabei zu sein und hierfür »würdig und bereit« zu werden. Dieser sog. Tag der ersten Auferstehung ist in besonderer Weise Neuapostolischen vorbehalten.
Weltweit amtieren derzeit knapp 300 Apostel. Das Apostelkollegium ist streng hierarchisch aufgebaut: An der Spitze steht der sog. Stammapostel mit Sitz in Zürich. Der Stammapostel gilt als »das sichtbare Haupt der Kirche Jesu Christi und ist in allen ihren Angelegenheiten ihre oberste Instanz«. Über viele Jahrzehnte wurde der Stammapostel sogar als Repräsentant des Herrn auf Erden beschrieben. Neuerdings sagt man das nicht mehr und bemüht sich um eine differenzierte Beschreibung dieses Amtes. Dennoch genießt das Wort des Stammapostels höchstes Ansehen.
Der in der NAK weit verbreitete autoritäre Stil hat in der Vergangenheit immer wieder dazu geführt, dass einzelne Mitglieder sich unfrei fühlten und von Gängelei und Bevormundung berichteten. So gibt es nicht wenige Lebensberichte, die im Tenor einer Anklage formuliert sind. Andererseits muss man aber auch einräumen, dass die

Strenge der NAK vielen Mitgliedern Halt und Orientierung gegeben hat und gibt.
Auch wenn aus Sicht der ökumenischen Kirchen manche NAK-Sonderlehren kritisch gesehen werden, sind die Mitglieder der NAK ohne Zweifel Christen. So wird die Taufe der NAK von den anderen Kirchen anerkannt. Die NAK erkennt jedoch die Taufe der evangelischen bzw. der römisch-katholischen Kirche nicht an. Abendmahlsgemeinschaft besteht nicht; ökumenische Trauungen sind nicht möglich. Die NAK ist nicht Mitglied der Arbeitsgemeinschaft christlicher Kirchen (ACK). Sie gilt folglich nicht als Freikirche.
In jüngster Zeit ist viel Bewegung in die NAK gekommen. Man bemüht sich um Transparenz und überdenkt den eigenen, exklusiven Anspruch. Der weitere Weg der NAK ist auch intern umstritten; es gibt jedoch Anzeichen, die eine weitere Öffnung erwarten lassen. Weltweit bekennen sich heute etwa 10 Millionen Menschen zum neuapostolischen Glauben. Rasant ist das Wachstum der neuapostolischen Kirche in einigen Ländern der sog. Dritten Welt. In den deutschsprachigen Ländern stagniert die Mitgliederentwicklung. Die Hauszeitschrift der NAK heißt *Unsere Familie*. Im Internet gibt es neben der offiziellen Homepage der NAK (www.nak.de) inzwischen auch gemäßigt kritische Seiten wie www.glaubenskultur.de und www.naktuell.de, die interessante Perspektiven eröffnen.

Neue Akropolis, von der → *Theosophie* inspirierte und als Schule der Philosophie auftretende esoterisch geprägte Gruppe. Im deutschen Sprachraum tritt sie auch als Kulturverein bzw. Freies Philosophisches Zentrum in Erscheinung. Die Neue Akropolis wurde 1957 von dem in Buenos Aires (Argentinien) geborenen und späteren italienischen Staatsbürger *Professor Jorge Angel Livraga Rizzi* (1930-1991) gegründet. Nach Darstellung der Gruppe studierte er Medizin, Kunstgeschichte und Philosophie an der dortigen Universität, erhielt zahlreiche Auszeichnungen, unter anderem das Kreuz von Paris für Kunst, Wissenschaft und Literatur. *Professor Livraga* starb 1991 in Madrid. Die Neue Akropolis – so heißt es in einer Selbstdarstellung – »betreibt Philosophie im klassischen Sinne, d.h. nicht ein intellektuelles und theoretisches Studium der Philosophie, sondern eine Philosophie, die zu einer ganzheitlichen Lebenshaltung führt.« Sie betrachtet sich als überkonfessionelle, überparteiliche, unpolitische und internationale Vereinigung, die sich dem vergleichenden Studium der antiken und modernen Wissenschaften wie Archäologie, Medizin, Philosophie und Kunst widmen möchte. Damit lässt sie neue, »aktive und geläuterte Menschen entstehen, die fähig sind, sich selbst zu erkennen«. Innerhalb der Gruppe soll ein Kern universeller Brüderlichkeit gebildet werden. Intern gibt es eine streng hierarchisch gegliederte Führungsstruktur. Interne Schriften regeln die Organisation und den Zusammenhalt der Gruppe.

Die Gruppe tritt mit kostenlosen Informationsveranstaltungen sowie mit den sich jeweils über vier Monate erstreckenden, kostenpflichtigen Einführungskursen in die Naturphilosophie an die Öffentlichkeit. Dabei geht es u.a. um folgende Themen: Die Lehre der → *Reinkarnation*, die Mysterien Tibets, das Rätsel Ägypten u. a. Viermal im Jahr erscheint die Zeitschrift *Abenteuer Philosophie*, die als »Kulturmagazin« präsentiert wird. Darüber hinaus engagiert sich die Gruppe auch im Umweltschutz.

Im Internet (www.oeko-sophie.de) heißt es: »So arbeiten wir – zusammen mit verschiedenen Umweltbehörden – ehrenamtlich daran, städtische Wälder und Bäche zu schützen und sauber zu halten. Die philosophische Strömung, die die Basis für dieses Umweltbewusstsein schafft, heißt Ökosophie.« Dabei will sie den spirituellen und ganzheitlichen Aspekt des Ökologiegedankens in den Vordergrund stellen. Regelmäßig führt sie auch sog. Sommercamps Abenteuer Philosophie durch, für die auf der Internetseite www.sommercamp-abenteuer-philosophie.de geworben wird. Bei dem Programm 2004 »Mensch und Natur« ging es u. a. um folgende Themen: »Aufbau eines indianischen Tipis und heilige Architektur, verschiedene Pflanzenwanderungen, Herstellung von Naturmedizin, Naturtanzworkshop, Yin und Yang – Dualität in Bewegung, Astrologie-Workshop, Chancen und Gelegenheiten, Workshop: Massage und Körperbewusstsein, Philosophie- und Rhetorik-Workshop, Selbstverteidigung, Afrikanisches Trommeln, Ökologie-Tag«. Eigenen Angaben zufolge ist die Gruppe in rund 40 Ländern verbreitet und hat insgesamt 10 000 aktive Mitglieder. In Deutschland gibt es Zentren in Stuttgart, München und Augsburg. Die Neue Akropolis stellt eine esoterische, religionsvermischende Gruppe dar, der Kritiker – nicht zuletzt wegen der radikal-politischen Zielsetzung der Anhänger der Gruppe – ein enorm hohes Konfliktpotenzial sowie eine nach außen hin nicht erkennbare, straff geführte Organisationsstruktur vorwerfen.

Neue Christliche Akademie – Endeavor Academy, mit Sitz im brandenburgischen Wusterwitz, eine seit 1999 ins Vereinsregister eingetragene esoterische Gemeinschaft, die mit der Bibel und dem durch → *Channeling* übermittelten Buch → *Ein Kurs in Wundern* in der Interpretation durch den Master Teacher *Charles* (= *Chuck*) *Anderson* arbeitet. Laut Satzung hat sie u. a. folgendes Ziel: »die Durchführung von Seminaren, Veranstaltungen und Gottesdiensten zur Reflexion der Frage nach Gott, Lebenssinn und -wert, nach Normen sittlichen Handelns in Kirche und Gesellschaft auf der Grundlage von Toleranz, Frieden und Völkerverständigung.« Die rund 50 Personen umfassende Gruppe versteht sich nicht als eigene Konfession. Sie ist auch nicht an theologischen Lehrmeinungen interessiert: »Wir teilen das gemeinsame Ziel, eine erleuchtende Transformation unserer Identität zu erfahren, die zu einer ganz neuen, liebenden und gebenden, kreativen Verbindung mit uns selbst und dem universellen Geist, der Gott ist, führen wird.« Im Internet heißt es: »Der einzige Sinn und Zweck unserer Zusammenkunft ist, die Kommunikation zwischen dieser Welt und dem Universum, das scheinbar außerhalb von uns und überall um uns herum ist, wieder herzustellen. Während wir alle Disziplinen heranziehen, die das darstellen, was letztendlich universell wahr ist – vom Neuen Testament der Bibel über Quantenphysik zu Meister Eckhard – ist das Hauptmittel zur Erleuchtung Jesus' *Ein Kurs in Wundern.*« Angeboten werden Gottesdienste und Schulungswochen. Neuerdings gibt es auch vielfältige Kontakte nach Polen. In Wroclaw, Szczecin und Torun finden regelmäßig Treffen, sog. Sessions, statt. Enge Beziehungen bestehen zum Miracle Healing Center in Wisconsin/USA, der eigentlichen Zentrale. Im Jahr 1999 kam es mit dem deutschen Greuthof Verlag, der den *Kurs in Wundern* im deutschen Sprachraum verlegt, zu juristischen Auseinandersetzungen in der

Frage des Urheberrechts des über Channeling empfangenen Materials.

Neue Kirche, Lehre und Praxis der Neuen Kirche gehen zurück auf das religiöse Schrifttum des schwedischen Naturwissenschaftlers und Visionärs *Emanuel* → *Swedenborg* (1688-1772). *Swedenborg* selbst lehnte eine eigene Kirchengründung ab. Er sah sie vielmehr mit seinem Empfang der neuen Offenbarung im Kommen begriffen. Spätere Anhänger übersetzten sein Werk und begannen es zu verbreiten. So entstanden Ende des 18. und Anfang des 19. Jahrhunderts in England und den USA die ersten Gemeinden. Im Jahr 1900 entstand in Deutschland die erste Gemeinde der Neuen Kirche. Die größten Gemeinden befinden sich in England, den USA sowie in mehreren Ländern Afrikas. Rund 30 000 bis 50 000 Mitglieder gibt es weltweit. Im deutschen Sprachraum beläuft sich die Zahl der Mitglieder auf etwa 400. Anhänger in Berlin, Lüneburg und Zürich treffen sich im örtlichen Swedenborg Zentrum. In letzter Zeit zeichnet sich innerhalb der deutschen Neuen Kirche – zum Unmut traditioneller Mitglieder – eine größere Offenheit für das Werk des Neuoffenbarers *Jakob* → *Lorber* ab. Aus kirchlicher Sicht ist der Anspruch der Schriften *Swedenborgs*, eine »neue Offenbarung« zu sein, kritisch zu hinterfragen.

Neue Solidarität, Zeitung der → *Bürgerrechtsbewegung Solidarität*

Neuheidentum, Sammelbegriff für unterschiedliche Richtungen, Gruppen und Strömungen, die sich unter Rückgriff auf vorchristliches Gedankengut bzw. auf naturreligiöse

Lehren und Praktiken beziehen. Hierunter lassen sich verschiedene Richtungen fassen: magisch-rituelle Hexenzirkel, neugermanisch-heidnische Gruppen (Asatru), neokeltische sowie schamanistische Richtungen, die sich u.a. auf indianische Spiritualität beziehen.

Innerhalb der neuheidnischen Szene findet sich Kritik an der angeblich naturfeindlichen Grundhaltung des Christentums bzw. der jüdisch-christlichen Kultur. Auf der Suche nach der Urweisheit und einem Leben im Einklang mit der Natur kommt es seit den 1970er-Jahren des 20. Jahrhunderts zur Neuentdeckung bzw. Wiederbelebung vorchristlicher heidnischer Glaubensüberzeugungen, die sich – trotz der dort anzutreffenden antimodernistischen Grundhaltung – bei näherem Hinsehen häufig als postmoderne Glaubenskonstrukte erweisen. Der Rückgriff auf vermeintlich uralte, vorchristliche Rituale dient angeblich der Etablierung einer naturgemäßen, dezidiert nichtchristlichen und höherwertigen, weil ursprünglicheren Religiosität. Gleichwohl stellt die neuheidnische Szene keinen monolithischen Block dar. Hier finden sich u.a. neue Hexen, neugermanische, neokeltische und neuschamanistische Richtungen. In dieser Szene ist ein wachsendes Interesse an lebensbegleitenden Ritualen zu beobachten, die sich bis in Teile der modernen → *Esoterik* auswirken. In den USA und in Großbritannien lässt sich diese Entwicklung schon seit längerem beobachten. Einschlägige Buchtitel, die ins Deutsche übersetzt werden, dokumentieren diese Tendenz. Hinzu kommt eine unübersehbare Zahl einschlägiger Seminar- und Workshopangebote. Die darin entfalteten Glaubensüberzeugungen sind oft Ausdruck einer Diesseitsreligiosität, die sich als kritische Reaktion auf die ökologische Krise sowie auf die christlich

dominierte Gegenwartskultur westlicher Gesellschaften begreift und sich davon bewusst mit antimodernistischen Vorstellungen abzugrenzen sucht. Innerhalb des breiten Spektrums zeigen sich auch unterschiedliche Schwerpunktsetzungen. In den letzten Jahren haben sich unterschiedliche Organisationsformen herausgebildet. Neben einem ausgeprägten Individualismus gibt es auch Versuche, in Form von Dachverbänden unterschiedliche Ansätze zu bündeln bzw. miteinander ins Gespräch zu bringen. Hierzu zählen die bisweilen miteinander konkurrierenden Richtungen, wie sie von Gruppen wie Rabenclan, Steinkreis, KultURgeister, → *Pagan Federation International* und → *Pagan Federation D.A.CH.* u. a. repräsentiert werden. Innerhalb dieser Szene wird derzeit besonders im Blick auf neugermanische Richtungen (Asatru) über den Einfluss rechtsextremistischen Gedankengutes kontrovers diskutiert. Insgesamt ist die Szene uneinheitlich organisiert. Die jeweilige Gruppenstärke dieser Dachverbände geht in der Regel nicht über 100 Personen hinaus. Die darin vertretenen Gruppen haben oft nicht mehr als 20 Anhänger. Neuerdings zeichnet sich eine zunehmende publizistische Verbreitung und Vermarktung neuheidnischer Vorstellungen in der → *Esoterik-Szene* ab.
→ *Hexen, neue*

NewAeon City, okkult-ideologisches Internetportal aus dem Umfeld der → *Thelema-Society* von *Michael D. Eschner*. Unter der Adresse www.new-aeon.de findet sich eigenen Angaben zufolge mit inzwischen über 5 000 Usern und 250 000 Beiträgen die »größte und vielfältigste Esoterik-Site im deutschsprachigen Raum.«

New Era Verlag/New Era Publications, Verlag bzw. Buchvertrieb, der ausschließlich die Publikationen des Gründers der → *Scientology-Organisation* und anderer Scientology-Literatur vertreibt. Hauptsitz ist in Kopenhagen (Dänemark), Sitz in Deutschland ist in 21220 Seevetal.

Nostradamus, eigentlich *Michel de Nostredame* (1503-1566), ein Arzt und Astrologe der Renaissancezeit, der sich dem humanistischen Zeitgeschmack folgend den latinisierten Namen *Nostradamus* zulegte. *Nostradamus'* literarische Hinterlassenschaft, insbesondere Weissagungen und Prophezeiungen in Versform, hat wie keine zweite den Forschergeist angetrieben und die Fantasie von *Nostradamus*-Auslegern beflügelt. Sein Hauptwerk *Les Propheties* (*Die Prophezeiungen*) erschien 1555 in gedruckter Form in Frankreich und besteht aus rund 1000 Vierzeilern (= Quatrains), die in Gruppen von jeweils 100 in zehn Zenturien (= Centuries) zusammengefasst sind. Das Werk hat eine schier unglaubliche Wirkungs- und Interpretationsgeschichte erlebt. Ebenfalls kursierten unter seinem Namen zahlreiche Fälschungen. Von jeher wird in diese schwer verständlichen, in dunkler Sprache abgefassten Texte – ein »Gemisch aus Französisch im Languedoc-Dialekt, mittelalterlichem Latein und zahlreichen eingeflochtenen spanischen, italienischen, griechischen, hebräischen u. a. Fremdwörtern sowie eigenen Wortneubildungen und -umbildungen (Neologismen und Anagrammen)« – ein tieferer Sinn hineingedeutet. Erschwerend kommen die damals uneinheitliche Rechtschreibung und die Verstümmelung der Texte in den Setzstuben der Drucker hinzu. Vor allem im Nachhinein werden erstaunliche »Treffer« konstatiert – je nach Verwendung des Schlüssels oder der individuellen

Interpretation. Von jeher gilt dieser Mann der Renaissance als Inbegriff für geheime Prophezeiungen, verschlüsselte Weissagungskunst und für eine mehr oder weniger düstere Zukunftsschau. *Nostradamus* entstammte einer Familie von konvertierten Juden. Er studierte Medizin, praktizierte eine Zeit lang als Arzt und führte ein unstetes Wanderleben. Zwischenzeitlich kam er in Kontakt mit dem bedeutenden Humanisten *Julius Caesar Scaliger* (1484-1558), mit dem er sich später überwarf. Als Arzt trat *Nostradamus* besonders bei der Bekämpfung der Pest hervor. Anschließend ließ er sich in Solon als Arzt nieder. Nach 1534 heiratete er. Aus der Ehe gingen zwei Kinder hervor. *Nostradamus* publizierte medizinische, diätetische und kosmetische Werke, bevor er sich schließlich der Astrologie zuwandte. Vermutlich standen seine Okkultstudien in engem Zusammenhang mit dem Verlust seiner Familie, die 1537/38 von der Pest dahingerafft wurde. Seit 1550 publizierte er alljährliche Almanache in Prosa mit Weissagungen für das darauf folgende Jahr, ein Publikationstypus, der durch die Buchdruckerkunst weite Verbreitung fand. Schließlich ging er dazu über, groß angelegte Prophezeiungen für Jahrhunderte und Jahrtausende zu verfassen. Schnell erlangte er mit seinen Texten die Bewunderung seiner Zeitgenossen. 1542 heiratete er ein zweites Mal. Aus der Ehe gingen sechs Kinder hervor. 1555 erschien der erste Band seiner Zenturien mit 353 Strophen. 1568, zwei Jahre nach dem Tod *Nostradamus'* in Solon am 2. Juli 1566, wurde die Gesamtausgabe der Zenturien in Lyon publiziert. Leider gibt es bislang keine wissenschaftliche Gesamtausgabe seiner Schriften. Das Zeitalter des *Michel de Nostredame* war gekennzeichnet von politischen, militärischen, wissenschaftlichen und religiösen Herausforderungen. Astrologische Beiträge für das politische Leben erfuhren in dieser Zeit einen immensen Aufschwung. *Nostradamus* kombinierte die Lehre von den Großen Konjunktionen und anderer astrologischer Methoden mit einem visionären Blick in die Zukunft. Kritiker zweifeln jedoch die handwerklichen astrologischen Fähigkeiten des Sehers von Solon stark an. Bestand seine eigentliche Leistung vielleicht nur darin, sich in einer Zeit des Umbruchs entsprechend zu vermarkten? Gleichzeitig gerierte er sich in seinen Texten nicht mehr nur als Astrologe oder Wahrsager – das taten zu dieser Zeit auch andere –, sondern als »Prophet des Menschenschicksals«. War der Seher von Solon nicht vielmehr ein Produkt seiner Zeit – einer Zeit des politischen, religiösen und gesellschaftlichen Umbruchs? *Nostradamus* kann insofern als modern gelten, da er seinen Zeitgenossen nicht länger die Utopie einer glücklichen Zukunftsgesellschaft verhieß. Dass der Seher den Nerv seiner Zeit traf, beweist die Resonanz, die seine Texte noch zu Lebzeiten gefunden haben. Die Rezeptions- und Instrumentalisierungsgeschichte dieser Prophezeiungen ist längst noch nicht zu ihrem Ende gekommen. Angeblich enthalte – davon sind die meisten der schreibenden *Nostradamus*-Experten überzeugt – das Werk fortlaufende Weissagungen über das Schicksal der Menschheit bis in das vierte Jahrtausend. Besonders in wirtschaftlichen und politischen Krisenzeiten erleben Publikationen, die angeblich den wahren Schlüssel zum Verständnis der Schriften des *Nostradamus* gefunden haben wollen, einen neuen Aufschwung. Eine historisch-kritische Auslegung der Texte ist nicht gefragt – im Gegenteil: Die jeweilige *Nostradamus*-Interpretation wird zur Projektionsfläche – je nach weltanschaulichem Standpunkt des jeweiligen *Nostradamus*-Interpreten. Die Enthüllungsliteratur über die »wahre Bedeutung«, den tieferen Sinn, letzte Geheimnisse und Vorhersagen für das 21. Jahrhundert hat nach wie vor Konjunktur. Rund 170 verschiedene lieferbare Titel listet ein Internet-Buchhändler auf. Auf über eine viertel Million Treffer weltweit stößt man beim Suchbegriff *Nostradamus* im Internet. Derzeit existieren rund 400 Interpretationen, teils mit wissenschaftlichem Anspruch, die sich um den Schlüssel zur Deutung der Schriften bemühen. Es ist damit zu rechnen, dass der Nostradamus-Kult weiter anhält. Krisenzeiten bieten für eigenwillige wie auch schreckensvolle *Nostradamus*-Interpretationen ein ideales Betätigungsfeld.

O

Odinic Rite Deutschland e. V., eine kleine germanisch-neuheidnische Gruppe mit Sitz in Köln. Sie wurde eigenen Angaben zufolge 1995 als »unabhängige Organisation des internationalen Odinic Rite für die deutschsprachigen Länder gegründet«. Ziel des Vereins sei, »das traditionelle germanische Heidentum (Asatru/Alte Sitte) nach den Erfordernissen der heutigen Zeit neu zu beleben und auszuüben.« Einzelne örtliche Gruppen, wie etwa in Berlin, beteiligen sich auch an den sog. Heidenstammtischen. Dabei handelt es sich um regelmäßige Treffen von Einzelnen oder Mitgliedern aus verschiedenen Richtungen innerhalb des → *Neuheidentums*. Enge Beziehungen unterhält die

Odinic Rite Deutschland auch zu der befreundeten Gruppe → *Eldaring.*

Offenbarungen, neue, häufig vertretener Anspruch von Menschen, die sagen, dass Gott in besonderer Weise durch sie spricht und sie folglich aktuelle Nachrichten Gottes, gleichsam »Gottes Wort für die Gegenwart«, bekannt geben können. Mitunter stoßen solche Texte auf großes Interesse, weil die Leser von der Idee fasziniert sind, Gottes Wort und Meinung zu aktuellen Fragen wie Waldsterben, Globalisierung usw. erfahren zu können; also zu Themen, die so nicht in der Heiligen Schrift vorkommen. Die theologische Problematik besteht darin, dass aus kirchlicher Sicht die Offenbarung Gottes in Jesus Christus nicht überboten werden kann und von dieser Offenbarung in besonderer Weise die Heilige Schrift berichtet. Es kann also keine zweite Heilige Schrift und – zumindest nach protestantischer Auffassung – keine weiteren Offenbarungen geben. Die Anhänger oder Befürworter der neuen Offenbarungen tragen jedoch vor, dass Gott auch heute noch zu den Menschen spricht und gemäß Joh. 16,12 selbst gesagt hat: »Ich habe euch noch viel zu sagen ...« Entscheidend ist die Frage, ob jene neue Offenbarungen zu Jesus Christus und zur Heiligen Schrift hinführen, oder ob sie die Menschen von jenen Glaubensgrundlagen wegführen. Im Kontext des → *Universellen Leben* wird beispielsweise vor dem Hintergrund der Offenbarungen *Gabriele Witteks* die Bibel als ergänzungsbedürftig angesehen. Hier kann man beobachten, wie (vermeintliche) neue Offenbarungen von der Bibel wegführen wollen. Andere neue Offenbarungen möchten Menschen zu einem vertieften Verständnis der Bibel und der Heilstat

Christi führen – wobei die Frage ist, ob das gelingt. Da es inzwischen vergleichsweise viele neue Offenbarungen gibt, unterscheidet man zwischen neuen Offenbarungen im allgemeinen Sinne und sog. Neuoffenbarungen. Als Neuoffenbarungen bezeichnet man ausschließlich jene Texte, die von *Jakob* → *Lorber* bzw. dessen Nachfolgern geschrieben wurden. Für *Lorber* war klar, dass Gott wie ein »Inneres Wort« in ihm gesprochen hat und somit die niedergeschriebenen Texte Gottes heiliges Wort sind. *Lorber* nannte sich folglich Schreibknecht Gottes.

Offene Tore, Untertitel: *Beiträge zu einem neuen christlichen Zeitalter*, seit 1957 erscheinende Zeitschrift der → *Neuen Kirche.* Das Blatt mit der Beilage *Neukirchenblatt* wird viermal pro Jahr publiziert.

Office of Special Affairs (OSA), ein Zweig der → *Scientology-Organisation*, der u. a. für den Umgang mit Kritikern bzw. »Feinden« zuständig ist. Laut Verfassungsschutz eine geheimdienstähnliche Organisation.

Ökosophie, eine im Blick auf den Umweltschutz von der → *Neuen Akropolis* vertretene spirituelle philosophische Richtung.

Okkultismus, von lat. occultum (= das Verborgene), Sammelbegriff für weltanschauliche Richtungen und Praktiken, die von einer unsichtbaren Welt bzw. übernatürlichen Kräften ausgehen, die man – so die Auffassung – mit herkömmlichen naturwissenschaftlichen Methoden nicht erforschen könne, darüber aber dennoch qualifizierende Aussagen macht. Im Gegensatz zum Paranormalen, dessen Erforschung sich die Parapsychologie zur Aufgabe gemacht hat, sind beim Okkultismus schon immer weltanschauliche Deutungen vorausgesetzt. Man kann im Anschluss an *Kurt Hutten* von verschiedenen Okkult-Konfessionen sprechen. Dazu zählen: → *Spiritismus*, → *Ufo-Bewegung*, → *Astrologie* und gnostisch-esoterische Weltdeutungssysteme wie → *Theosophie*, → *Anthroposophie* und moderne → *Rosenkreuzer*.

Der Begriff geht vermutlich auf den Franzosen *Eliphas Lévi* alias *Alphonse-Louis Constant* (1810-1875) zurück, der ihn unter Rückgriff auf *De occulta philosophia* von *Heinrich Cornelius Agrippa von Nettesheim* (1486-1535) nachhaltig prägte. Der eigentliche Ursprung für den Beginn des neuzeitlichen Okkultismus wird auf das Jahr 1848 datiert. Im gleichen Jahr, in dem *Karl Marx* sein Kommunistisches Manifest in London veröffentlichte, kam es im US-amerikanischen Hydesville zu merkwürdigen Ereignissen. Dabei waren im Haus des methodistischen Farmers *John Fox* außergewöhnliche Klopfgeräusche zu vernehmen, die seine Kinder als Mitteilungen eines Verstorbenen bzw. Geistes einer erstaunten, aber für solche Phänomene offenen Umwelt präsentierten. Eine Untersuchungskommission konnte die Klopflaute von Hydesville nicht »natürlich« erklären. Durch die Erfindung eines Klopf-ABCs, wonach beim Aufsagen des ABCs beim richtigen Buchstaben das Klopfen erfolgte, konnte eine Verbindung zum Klopfgeist hergestellt werden, die zu einem Skelett-Fund im Keller des Hauses führte. Ein eigens entwickeltes Klopfalphabet ermöglichte die Kommunikation mit dem Geist. Bereits 1850, zwei Jahre nach den Ereignissen von Hydesville, gab es hunderte von Medien in New York City und 50 bis 60 private Zirkel in Philadelphia. Eine weitere spiritistische Technisierung setzte ein. Neue technische Errungenschaften der damaligen Zeit unterstützten die Versuche des experimentellen Nachweises der Geisterwelt (Fotografie). Die Geister meldeten sich nicht nur durch den Mund der Medien, sondern auch in Gestalt von Materialisationen. Von den USA kommend, fanden der Geisterglaube und insbesondere die Technik, um mit Verstorbenen in Verbindung treten zu können, in den 1850er-Jahren auch in Europa rasche Verbreitung. Ab 1851 erschienen in den USA Bücher, die über die außergewöhnlichen Erscheinungen berichteten. Obwohl es sich beim Okkultismus um eine antimodernistische Richtung handelt, lehnte er sich eng an die modernen Techniken seiner Zeit an: Sein Ziel ist, Kontakte zu Verstorbenen herzustellen, die sich durch ein Medium als Sprecher, durch Klopflaute, Tischrücken, oder durch sog. Materialisationen manifestieren. Die dabei gemachten Äußerungen sollten dann mit experimentellen Versuchsanordnungen – oft auch mithilfe der aufkommenden Fotografie – verifiziert werden. In der Folgezeit verfeinerten sich auch die technischen Möglichkeiten. Dieser Trend sollte sich später weiter fortsetzen. Die neueste Kommunikationstechnik wird in den Dienst des »Geisterverkehrs« gestellt (Foto, Radio, Tonband, Videoaufnahmen). So häuften sich die Berichte über Poltergeister, merkwürdige Erscheinungen und Materialisationen. Besonders beliebt war neben dem sog. Tischrücken auch das Phänomen offenbarungsspiritistischer Kundgaben. In Deutschland und Österreich bildeten sich zahlreiche spiritistische Vereine. In der Gegenwart ist die Okkultfaszination keineswegs gebrochen. Hier erleben spiritistische und okkult-magische Praktiken im Rahmen der → *Esoterik*-Begeisterung eine neue Konjunktur. Besonders seit den 1980er-Jahren kommt es immer wieder zu Okkultwellen unter Jugendlichen (= Jugendokkultismus). Mit Unterstützung einschlägiger Jugendmagazine erleben okkult-magische Praktiken wie Gläserrücken und Pendeln eine Konjunktur. Der Kult um die Hexe im Mädchen ist ebenso »in« wie Anleitungsbücher zu liebesmagischen Praktiken, um den Traumpartner herbeizuhexen. Die Motive liegen auf der Hand: Provokation, Experimentierfreude, Sehnsucht nach Entscheidungshilfen, die Suche nach stabilen Beziehungen und eigener Identität. Gleichzeitig sollten die Gefahrenmomente für den Einzelnen benannt werden: der Verlust an sozialer Kompetenz, d. h. die irrige Annahme, man könne über okkult-magische Praktiken Menschen manipulieren oder herbeizwingen oder über schwarzmagische Rituale Schaden zufügen. Hinzu kommt: Individuelle Probleme werden nicht bearbeitet, sondern verdrängt. Je nach Intensität der jeweiligen Okkultpraxis können auch Ängste auftreten, dass man die Geister, die man rief, nicht mehr loswird. Mit anderen Worten: Man bleibt in einem okkultmagischen Weltbild gefangen, gibt die eigene Verantwortung ab und schreibt sie Geistern zu. Im schlimmsten Fall kann es zu einer »mediumistischen Psychose« kommen. Dabei können im Zusammenhang der Kontaktaufnahme zu Verstorbenen oder jenseitigen Wesenheiten verdrängte oder ins Unterbewusstsein abgesunkene Themen unkontrolliert aufsteigen und sich als Geisterstimmen zurückmelden, die der Einzelne nicht mehr in den Griff bekommt. Man sollte sich bewusst sein: Dies sind gravierende Folgen, die auftreten können, aber nicht müssen. Dies hängt jeweils von der individuellen Persönlichkeitsstruktur bzw. dem Grad der jeweiligen Beschäftigung mit Okkultpraktiken ab. Aus christlicher Sicht sollte die tatsächlich erfahrene Wirkung nicht Dämonen zugeschrieben werden. Damit würde man das okkult-magische Denkmodell in Ansätzen teilen. Wichtig ist viel mehr, seelsorgerlich-einfühlsam auf die jeweiligen Motive für die Suche nach Jenseitskontakten einzugehen und behutsam auf die manchmal nicht mehr zu kontrollierenden Folgen hinzuweisen, die den Einzelnen überfordern und ihn aufgrund selbst produzierter suggestiv erzeugter Zwänge in seelische Not stürzen können. Strikte Verbote helfen manchmal nicht weiter – im Gegenteil, sie können für Jugendliche ein zusätzlicher Anreiz sein, sich im Verborgenen noch intensiver mit den geheimnisvollen Dingen zu beschäftigen, um sich auf diese Weise dem Zugriff bzw. Einfluss der Erwachsenen zu entziehen.

Organische Christus-Generation, Mitte der 1990er-Jahre von *Ivo* → *Sasek* gegründetes Missionswerk. Das Zentrum der Bewegung ist im Schweizer Walzenhausen. Hier finden sog. Bemessungswochen statt, die zeigen sollen, »ob und inwieweit Christus ... schon in uns Gestalt gewonnen hat«. Als Maßstab dienen die Gerichtsbotschaften von *Ivo Sasek*, der die Verbürgerlichung und Zähmung des christlichen Glaubens kritisiert. Die Organische Christus-Generation steht jedoch in der Gefahr, dass die (mitunter berechtigte) Kritik andere Glaubens- und Frömmigkeitsformen pauschal abwertet. Problematisch sind auch die pädagogischen Vorstellungen von körperlichen Züchtigungen, die *Sasek* seinen Anhängern vermittelt. Inzwischen gibt es in einigen Ländern Hauskreise. Es soll etwa 1 500 Anhänger geben.

Osho, → *Bhagwan-Bewegung*

Oxford Capacity Analysis, ein gewaltiger Name für eine recht einfache Sache: Hinter dieser Formel verbirgt sich ein Fragebogen mit 200 Fragen, der in der Werbung bzw. Öffentlichkeitsarbeit der → *Scientology-Organisation* eine bedeutende Rolle spielt. Der Fragebogen wird als Persönlichkeitstest präsentiert und dazu verwendet, potenzielle Kunden für Scientology zu interessieren bzw. für die Teilnahme an Seminaren und Kursen zu werben.

P

Pagan Dawn, vierteljährlich erscheinende Zeitschrift der in London ansässigen → *Pagan Federation International.*

Pagan Federation D. A. CH., 2002 innerhalb des → *Neuheidentums* ins Leben gerufenes kleines Kontaktnetzwerk für Deutschland, Österreich und die Schweiz. Ursprünglich ging es aus der Londoner → *Pagan Federation International* hervor, versteht sich jetzt aber als »selbstständige, von London unabhängige Vereinigung, die ihre Mitglieder im deutschsprachigen Raum hat«. Zum Selbstverständnis heißt es: »Wir sind vielmehr ein heidnisches Kontaktnetzwerk, und eins unserer Hauptanliegen ist es, Heiden der verschiedensten Richtungen miteinander ins Gespräch zu bringen, um einer Zersplitterung des Heidentums entgegenzuwirken, frei nach dem Motto:

›Miteinander, nicht gegeneinander!‹ Die Zahl der Mitglieder ist nicht bekannt.

Pagan Federation International (Abteilung Deutschland), der deutsche Ableger der 1971 in London gegründeten und dem → *Neuheidentum* zuzurechnenden Vereinigung, die es sich zum Ziel gesetzt hat, »Informationen über das Heidentum (Paganismus) zu verbreiten und Vorurteilen gegenüber der Religion zu begegnen«. 2002 spaltete sich aufgrund interner Differenzen die → *Pagan Federation D.A.CH.* ab. Der Schwerpunkt der praktischen Arbeit liegt auf der Organisation örtlicher Zusammenkünfte und Aktivitäten, z.B. auch Heidenstammtische. Nach eigenen Angaben wird dabei besonderer Wert auf persönliche Begegnungen und soziale Kontakte gelegt. Die Zeitschrift der Pagan Federation International heißt *Pagan Dawn.*

Patrioten für Deutschland, Vorläuferorganisation der → *Bürgerrechtsbewegung Solidarität*

Peace Run Sri Chinmoy Oneness-Home, → *Sri Chinmoy*

Pendeln, → *Okkultismus,* → *Spiritismus*

Pfingstbewegung, eine weltweite Strömung des Christentums, die das Wirken des Heiligen Geistes (Pfingsten = im weiteren Sinne: Fest der Ausgießung des Heiligen Geistes) in den Mittelpunkt der Frömmigkeit stellt. Daraus ergeben sich weitere Schwerpunkte, so die Betonung von Glaubensheilungen, von Zungenrede (Glossolalie) und Prophetie. Entstanden ist die heutige Pfingstbewegung auf dem Boden der Erweckungsbewegungen im 19. Jahrhundert. Seit 1907 ist die Pfingstbewegung in Deutschland anzutreffen. In Deutschland ist der → *Bund Freikirchlicher Pfingstgemeinden* wichtig. Weltweit zeichnen sich die Pfingstler durch einen stark biblizistischen Glauben aus, welcher oftmals von der Irrtumslosigkeit und Unfehlbarkeit der Heiligen Schrift ausgeht. Wichtig für den Glaubensalltag ist die Erwartung und das Wirken des Heiligen Geistes. Die Pfingstbewegung teilt mit anderen christlichen Strömungen die Vorstellung, dass Jesus der zentrale Bezugspunkt des Glaubens ist und der Gläubige sein Leben an Christus übergeben muss. Weltweit wächst die Pfingstbewegung sehr stark.

Poss-Verlag, → *Bund der Rose*

Psychoszene, kein klar abgegrenzter Begriff; das Wort Psychoszene meint, dass es neben der schulmedizinischen Psychologie bzw. Psychotherapie einen Bereich alternativer Anbieter gibt, die sich zwar auch psychologischer Arbeitsweisen bedienen, aber häufig weitere Methoden und Techniken einbeziehen. Zu diesen anderen Methoden und Techniken gehören vor allem alternativ-spirituelle Wege, Methoden zur Leistungssteigerung, aber auch Entspannungs- und Wellnessangebote. Die Problematik der Psychoszene besteht also in erster Linie in einer Vermischung der Ebenen: So begegnet man mitunter einfachen Nackenverspannungen nicht mit Techniken zur Entspannung der Muskeln, sondern mit viel weitergehenden Angeboten zur Lebensgestaltung – die dann irgendwann auch zur Besserung der Verspannungen führen sollen. Während es in der (seriösen) Psychotherapie um die Behandlung eingegrenzter Symptome geht, versprechen Anbieter der Psychoszene oftmals eine schnelle und umfassende Persönlichkeitsveränderung. Das ist auf den ersten Blick faszinierend, bei genauerer Betrachtung jedoch unseriös, weil umfassende (ganzheitliche) Persönlichkeitsveränderungen nicht einfach zu erreichen sind – und oftmals auch gar nicht wünschenswert wären.

Traditionell werden vier Bereiche in der Psychoszene unterschieden:

- Ekstatische, d. h. ungewöhnliche Körpererfahrungen; hier wird der menschliche Körper mittels bestimmter Techniken (z. B. Atemübungen) in eine extreme Lage gebracht, die ungewöhnliche Erfahrungen ermöglichen soll. Hierzu gehören die sog. Körpertherapien (z. B. *W. Reich*, *A. Lowen*), aber auch die in der westlichen Welt zunehmend beliebten Angebote von Tantra, also Körpererfahrungen, bei denen die Sexualität eine besondere Rolle spielt).
- Psychologistische Erfolgsutopien, also Angebote, die in oftmals utopischer Weise Erfolg und Leistungssteigerung verheißen. (→ *Scientology-Organisation*, → *Avatar* usw.)
- Heilsame Gemeinschaften, hier soll Heil, Erlösung oder Wohlbefinden durch neue Formen des Zusammenlebens ermöglicht werden. (→ *Zentrum für experimentelle Gesellschaftsgestaltung*, → *Stamm der Likatier*)
- Orientierung durch einen spirituellen Meister (→ *Bhagwan-Bewegung* usw.)

Um Missverständnisse zu vermeiden sei noch einmal auf Folgendes hingewiesen: Es gibt im Bereich der Psychoszene keinesfalls nur heikle Anbieter, sondern auch legitime Bemühungen um eine Ergänzung der Schulmedizin.

Eine Beurteilung der Anbieter ist oftmals nur im Einzelfall möglich. Problematisch werden die Angebote, wenn sich die Anbieter ihrer eigenen Grenzen und der Grenzen ihres Auftrages nicht mehr bewusst sind und keinerlei kritische Reflexion möglich ist. Mitunter hilft auch der gesunde Menschenverstand: Wenn beispielsweise eine Anbieterin von → *Lichtnahrung* unterstellt, der Mensch würde sich besser fühlen, wenn er über einen längeren Zeitraum keine Nahrung und keinerlei Flüssigkeit zu sich nimmt, dann zeigt bereits die Alltagserfahrung, wie unsinnig solche Verheißungen sind.

R

Radio Santec, ein dem → *Universellen Leben* nahe stehender Rundfunksender, dessen Sendungen in zahlreichen Sprachen empfangen werden können.

Rael / Rael-Bewegung, → *Raelianer*

Raelianer, eigentl. Raelisten, Anhänger der ufologisch ausgerichteten raelistischen Religion des in Kanada residierenden Franzosen und ehemaligen Schlagersängers und Rennfahrers *Claude Vorilhon* (Jg. 1946). Als Gründer und spirituelles Oberhaupt führt er den Namen *Rael*, den er 1973 von Außerirdischen, den Elohim, einer höher entwickelten und technisch weit überlegenen Zivilisation erhalten haben will. Als Erkennungszeichen tragen die Raelisten – als Emblem der Außerirdischen – Medaillons mit einem Davidstern, in dessen Mitte sich »eine einer Galaxie ähnliche Spirale« befindet, die die »Unendlichkeit in der Zeit« versinnbildlichen soll. Für Aufsehen sorgte die Ufo-Sekte zuletzt Weihnachten 2002, als die ihr nahe stehende Firma Clonaid über ihre Leiterin und raelianische »Bischöfin« die bislang unbewiesene Nachricht verbreiten ließ, ihr sei es gelungen, den ersten Menschenklon geschaffen zu haben. Im Klonen erblickt *Rael* den Weg zur Unsterblichkeit. In Deutschland gibt es im badischen Müllheim eine Postfachadresse. Die Zahl der Anhänger beläuft sich in Deutschland nach Schätzungen auf unter 50. Eine weitaus größere Zahl findet sich in Kanada, der Schweiz, Frankreich und Korea. Vortragsangebote von deutschen Raelianern lassen sich u. a. im Veranstaltungsprogramm von Esoterikmessen finden.

Rajneesh Chandra Mohan, → *Bhagwan-Bewegung*

Ramtha, eine höhere Wesenheit, ein angeblich 35 000 Jahre alter Geist eines Kriegers, von dem die US-Amerikanerin *JZ Knight* (Jg. 1946) seit 1977 über → *Channeling* esoterische Botschaften empfängt. In den rund zehn bisher in deutscher Übersetzung vorliegenden Büchern, die im Michaels-Verlag im bayerischen Peiting erscheinen, werden esoterische und ufologische Themen sowie gängige *Verschwörungstheorien* entfaltet. So heißt es im Buch *Der letzte Walzer der Tyrannen*, »graue Männer«, die globalen Finanziers, würden in Wirklichkeit die Welt regieren.

Reiki, wird meist mit »universelle Lebensenergie« übersetzt, auch wenn das nicht ganz dem japanischen Begriff entspricht. Reiki ist eine Meditations- bzw. Behandlungsmethode, die helfen soll, »Körper und Seele in Einklang zu bringen«. Bei einer Reiki-Sitzung legt der Reiki-Gebende seine Hände leicht auf bestimmte Körperzonen dessen, der Reiki empfangen soll. Mitunter werden die Hände nicht direkt aufgelegt, sondern knapp über den Körper gehalten. Die Theorie besagt, dass der Reiki-Gebende sich mit der »universalen Energie« verbindet und diese über seine Hände an den Empfangenden weiter gibt. Deshalb folgt die Behandlung von bestimmten Bahnen des Körpers, die in der traditionellen asiatischen Medizin als Chakren (etwa: Energiefelder) bezeichnet werden. Eine Reiki-Sitzung dauert in der Regel 60 bis 90 Minuten. Reiki soll die Selbstheilungskräfte des Menschen aktivieren und seelisches Wohlbefinden ermöglichen. In der Werbung heißt es oftmals: Reiki löst Blockaden, entschlackt den Körper, gleicht Energiedifferenzen aus und befördert Heilungsprozesse.

Reiki wurde zu Begin des 20. Jahrhunderts wiederentdeckt; d.h. viele Reiki-Anhänger meinen, die Methode sei Jahrhunderte alt, das konkrete Wissen war jedoch in Vergessenheit geraten. Der Wiederentdecker war der Japaner *Mikoa Usui* (1865-1929), über dessen Leben zahlreiche Legenden erzählt werden und der als Erster Reiki gelehrt hat. Sein Schüler und Nachfolger *Chijiro Hayashi* eröffnete eine erste Reiki-Klinik in Tokio. Ab 1980 kam Reiki über die USA auch nach Europa. Heute ist Reiki oftmals im Kontext von Wellness und alternativer Medizin zu finden. Die Versprechungen, was Reiki alles bewirkt, sind mitunter abenteuerlich. Namentlich sog. Fern-Reiki, das über hunderte Kilometer und in die Vergangenheit zurück wirken soll, müssen kritisch gesehen werden. Auch ist festzustellen, dass viele Reiki-Anbieter zwar über eine Reiki-interne Ausbildung, aber über keine psychologischen oder medizinischen Kenntnisse verfügen. Deshalb ist bei vermeintlichen Diagnosen eine gewisse Zurückhaltung hilfreich. Für die Verbraucher ist es schwierig, zwischen seriösen und unseriösen Angeboten zu unterscheiden. Ein Konfliktfeld stellen auch die Kosten dar: Die Ausbildung zum Reiki-Meister (es gibt unterschiedliche Grade) ist vergleichsweise teuer; zwangsläufig werden diese an die Klienten weitergegeben.

Reinkarnation, in vielen Religionen die Vorstellung, dass ein Mensch nicht nur einmal lebt, sondern dass seine Seele (oder ggf. ein anders benannter Wesenskern) häufiger auf der Erde Gestalt annimmt. In diesem Sinne meint Reinkarnation etwa »erneute Fleischwerdung«. Ein anderer Begriff wäre Seelenwanderung. Hier ist Ähnliches gemeint, jedoch genauer festgelegt, was »wandert«: nämlich die Seele. Es gibt jedoch auch Vorstellungen, die nicht davon ausgehen, dass sich die Seele wieder verkörpert, sondern beispielsweise ein »geistig-seelischer Wesenskern«. Wir finden also unterschiedliche Vorstellungen darüber, was sich reinkarniert; es gibt auch Unterschiede in der Frage, wie sich etwas inkarniert: Also ob es Inkarnationen in Tieren oder in Pflanzen gibt, ob jeweils das Geschlecht gewechselt wird, ob die Inkarnation in einem bestimmten Geschlecht eher positiv oder eher negativ zu deuten ist usw.

Die Idee einer Reinkarnation ist immer mit der Vorstellung von Karma (= die Tat bzw. die aus jedem Tun resultierenden Folgen) verbunden. Im weiteren Sinne bedeutet Karma hier also das Erbe eines Lebens, das in das

nächste Leben mitgenommen wird. Dabei gibt es negatives Karma im Sinne von Schuld und Belastung, aber auch positives Karma. Mitunter ist es hilfreich, Karma weder negativ noch positiv benennen zu wollen, sondern es einfach im Sinne eines Erbes zu beschreiben, aus dem dieses oder jenes gefolgert werden kann. Die Vorstellung von Reinkarnation führt dazu, dass das Leben in einer Art Kreislauf (oder Spirale) gedacht wird: Irdisches Leben – Sterben – Existenz von Seele oder Wesenskern in einer anderen Welt – erneute Inkarnation usw. Dieser Ablauf wird als Kreislauf oder als »Rad der Wiedergeburten« beschrieben. Die Deutung dessen kann sehr unterschiedlich sein: Man kann den Kreislauf als Chance zur Bewährung und Entwicklung deuten (→ *Steiner*), aber auch als ein Verhängnis. In diesem Fall wird der Einzelne alle seine Bemühungen daran setzen, dem (unguten) Kreislauf zu entkommen und das angesammelte Karma durch Entsagungen oder religiöse Übungen möglichst abzutragen bzw. das Ansammeln von neuem Karma zu verhindern.
Zu den wichtigsten Religionen, die die Vorstellung von Reinkarnation und Karma kennen, gehören Hinduismus und Buddhismus. Jedoch sehen beide Religionen in der Reinkarnation nichts Erstrebenswertes. Das Christentum kennt keine Reinkarnationsvorstellungen. Lediglich einige christliche Randgruppen unterstellen, dass diese Vorstellungen mit christlichem Denken vereinbar wären. Dies gilt z. B. für die → *Christengemeinschaft*, das → *Universelle Leben*, die → *Gralsbewegung* usw. Aus Sicht der ökumenischen Kirchen spricht gegen Reinkarnationsvorstellungen die biblisch bezeugte Einmaligkeit des menschlichen Lebens (Hebr. 9,27) und der Umstand, dass Reinkarnationsvorstellungen in der Heiligen Schrift nicht zu finden

sind: Hätte Jesus Christus an Seelenwanderung geglaubt, dann hätte er davon seinen Jüngern berichtet oder mit ihnen darüber gesprochen. Die Anhänger von Seelenwanderungsvorstellungen weisen auf Joh. 9 hin, wo gefragt wird, ob jemand blind geboren ist, weil er (oder seine Eltern) vor seiner Geburt gesündigt haben. Diese Stelle scheint Reinkarnation zu kennen und wird deshalb gern zitiert, kann aber als Beweis für Reinkarnationsvorstellungen im Neuen Testament nicht überzeugen. Aus christlicher Sicht spricht gegen Reinkarnation und Karma auch, dass der Mensch angesichts solcher Überlegungen seine Schuld allein abtragen müsste. Nach christlichem Verständnis sind wir dazu jedoch nicht in der Lage und erfahren Vergebung allein aus Gottes Gnade – und eben nicht dadurch, dass wir selbst die Dinge in einem späteren Leben aufarbeiten.

Im Abendland gab es immer Spuren von Reinkarnationsvorstellungen. So finden sich bei Platon, Herder, Lessing und anderen großen Denkern manche Anspielungen, über deren Interpretation man jedoch streiten kann. Seit den 1980er-Jahren erfahren Reinkarnationsvorstellungen auch in Westeuropa immer mehr Zulauf. Inzwischen soll etwa jeder vierte Bundesbürger offen für solche Überlegungen sein. Gerade diese modernen Reinkarnationsvorstellungen haben sich jedoch oftmals sehr weit von klassischen bzw. asiatischen Vorstellungen entfernt und hinterlegen die Möglichkeit neuer Inkarnationen mit einem positiven Beiklang: Was im traditionellen Hinduismus noch ein Fluch war, wird in der Moderne oftmals zur schicken Chance: Don't worry – play it again.

Religious Technology Center (RTC), das eigentliche Machtzentrum der → *Scientology-Organisation* in Los Angeles. Das RTC besitzt die Urheberrechte und Warenzeichen der Werke von *L. Ron Hubbard* und wacht über deren Verwendung im Sinne von Scientology.

Reorganisierte Kirche Jesu Christi der Heiligen der Letzten Tage, → *Gemeinschaft Christi*

Rosenkreuzer, Sammelbegriff für unterschiedliche, im Lauf der Jahrhunderte fiktiv oder real existierende Rosenkreuzergruppen und -organisationen, darunter die heute bekannten esoterisch geprägten Richtungen wie → *AMORC* oder → *Lectorium Rosicrucianum*. Trotz vieler Mythen und Legenden, die sich um die Rosenkreuzer ranken, lassen sich verschiedene Stationen bzw. Phasen des Entstehens der Rosenkreuzergruppen unterscheiden:
Ältere Rosenkreuzer: Dabei handelt es sich um einen Kunstbegriff aus dem Anfang des 17. Jahrhunderts. Eine entsprechende Organisation hat niemals bestanden. Somit kann man in diesem Zusammenhang von einem Mythos der Rosenkreuzer sprechen. Sein Erfinder und Verbreiter der Legende von *Christian Rosenkreutz* ist im engsten Freundeskreis des bekannten schwäbischen Theologen *Johann Valentin Andreae* (1586-1654) zu suchen. Das Anliegen war die Forderung nach einer General-Reformation, die alle kulturellen Bereiche umfassen sollte. Dabei sollten die in jener Zeit auseinander driftenden Bereiche Wissenschaft, Christentum und Ethik wieder zusammengeführt werden. Gleichwohl haben einschlägige Rosenkreuzerschriften eine literarisch-publizistische Wirkung gehabt. Der historische Beginn der Geschichte der

Rosenkreuzer lässt sich auf das Jahr 1614 datieren. In diesem Jahr erschien in Kassel eine anonyme Druckschrift mit dem Titel *Fama Fraternitatis, deß löblichen Ordens des Rosenkreutzes / an alle Gelehrte und Häupter Europae geschrieben.* Darin wurde fiktiv die Gründung eines Ordens der Rosenkreuzer im 14. Jahrhundert beschrieben. Eine solche Rosenkreuzerorganisation hat jedoch niemals bestanden. Als weitere »Manifeste« der älteren Rosenkreuzerbewegung gelten die Schriften *Confessio Fraternitatis* (1615) sowie die *Chymische Hochzeit Christiani Rosencreutz: Anno 1459* (1616).

Mittlere Rosenkreuzer: Herkömmlich werden damit Einzelpersonen bezeichnet, die sich im 18. Jahrhundert in England auf die Tradition der Rosenkreuzer stützten und diese in Schutz nahmen und ihr eigenes Wirken im Sinne der Rosenkreuzer verstanden, wie z. B. *Robert Fludd* (1574-1637) und *Michael Maier* (1568-1622).

Spätrosenkreuzer: Im Umfeld der irregulären Freimaurerei, der sog. Hochgradfreimaurerei, entstand erst im 18. Jahrhundert, erstmals nachweisbar im Jahr 1757, eine entsprechende Rosenkreuzerorganisation, der Orden der Gold- und Rosenkreuzer, während es sich bei den Beschreibungen in den Jahrhunderten zuvor ausschließlich um literarische Fiktionen handelte. In diesem Orden verband sich christliche Frömmigkeit mit alchemistischen, kabbalistischen und magischen Elementen.

Jüngere Rosenkreuzer: Eine besondere esoterische Rezeption des Rosenkreuzer-Mythos erfolgt bei *Rudolf* → *Steiner*, der im Rosenkreuzertum die bestehenden Gegensätze von Religion und jeweils aktueller Wissenschaft überwunden sah und in der → *Anthroposophie* ein »erneuertes Rosenkreuzertum« erblickte. Heutige Rosenkreuzergruppen sind besonders von der → *Theosophie* beeinflusst und erweisen sich als neo-rosenkreuzerische Okkultgruppen. Hierzu sind insbesondere AMORC und das Lectorium Rosicrucianum zu rechnen. Diese Gruppen berufen sich auf ein angebliches Wissen eines tatsächlich existierenden, jedoch unsichtbaren oder »geheimen« Rosenkreuzerordens zu besitzen, wobei sie sich als deren sichtbarer, manifester Teil begreifen. In diesem Zusammenhang werden christliche Begriffe mit esoterischen Inhalten gefüllt. Damit hat sich diese Richtung deutlich von den historischen, ursprünglich christlich motivierten Rosenkreuzer-Idealen entfernt.

→ *Esoterik*

→ *Okkultismus*

Ryden, Vassula, geb. 1942, seit 1985 meint die in der Schweiz wohnende Griechin *Vassula Ryden*, dass sie Botschaften von Gott (→ *Offenbarungen, neue*) empfangen würde. Inzwischen sind zahlreiche Lesekreise entstanden, in denen die Texte verbreitet bzw. gelesen werden. Die Anhänger glauben, dass die Texte zu einem neuen und tieferen Verständnis des Heilswirkens Christi beitragen. Derzeit findet *Vassula Ryden* immer mehr Leser in katholischen Kreisen. Die katholische Kirche hat sich jedoch 1995 kritisch zu den Offenbarungen der *Vassula Ryden* geäußert. Man hat festgestellt, dass die Texte »ungeachtet einiger positiver Aspekte ... nicht als übernatürlich« anzusehen sind und in Einrichtungen der katholischen Kirche nicht verbreitet werden sollten. Inzwischen weist auch die evangelische Kirche darauf hin, dass die Schriften nicht als Offenbarung anerkannt werden können und folglich allenfalls als persönliche Glaubenszeugnisse der Autorin zu verstehen sind. Die Texte sind in zahlreiche Sprachen übersetzt worden. Die Verbreitung erfolgt auch unter dem Namen *Wahres Leben in Gott* (= *True Life in God*).

S

Sant Thakar Sing, → *Thakar Sing*

Sasek, Ivo, geb. 1956 in Zürich, Musiker, bekehrte sich 1977/78 zum christlichen Glauben. Es folgten der Besuch einer Bibelschule, der Aufbau eines Drogenrehabilitationsprojekts (= »Obadja«) und 1997 die Gründung eines eigenen Verlages (= Elaion-Verlag) und einer Jüngerschaftsschule. Immer deutlicher wird *Saseks* Sendungsbewusstsein. Er betreibt intensive Missionsarbeit mittels Büchern und Kassetten. *Sasek* gründete die → *Organische Christus-Generation.* Man kann *Sasek* als einen Gerichtspropheten bezeichnen, der die Lauheit und Gottesferne vieler Kirchen benennt. Problematisch ist jedoch, dass diese Kritik mit einer pauschalen Abwertung anderer Frömmigkeitsformen einhergeht und zur Überschätzung bzw. Idealisierung der eigenen Bemühungen führt.

Satanismus, unscharfer und in den Medien häufig Klischee beladener Sammelbegriff für unterschiedliche, okkult-ideologische Richtungen, Zirkel und magisch-rituelle Praktiken. Oft sind es die Spuren, die in der Öffentlichkeit für Aufsehen sorgen und mit Satanismus in Verbindung gebracht werden: Tieropfer, Grabschändung, Schmierereien an Kirchen, Vandalismus und das provokante Tragen satanistisch interpretierter Okkultsymbole wie Pentagramme, umgedrehte Kreuze u. a. Wenngleich in Einzelfällen satanistische Motive nicht ausgeschlossen werden können, ist jedoch bei der Analyse einzelner Vorfälle und bestimmter Erscheinungsformen besondere Sorgfalt notwendig. Die Enquetekommission des Deutschen Bundestages sog. Sekten und Psychogruppen, kam z. B. im Endbericht von 1998 zu dem Ergebnis: »Die Ergebnisse von empirischen Untersuchungen zeigen jedoch, dass hier mediale Berichterstattung und Realität besonders weit auseinander klaffen.« Deshalb sind Differenzierungen notwendig. Innerhalb des Satanismus als Okkult-Bewegung gibt es verschiedene Richtungen und Akzentuierungen. Bestimmend ist häufig ein magisches Ritualkonzept. Im Zentrum steht weniger die Verehrung einer transzendent gedachten Gottheit bzw. Gegenmacht Gottes (Teufel, Luzifer, Satan), als vielmehr der Versuch, den Menschen zum Gott zu erheben. → *Magie* in Form besonderer Kraftzuschreibungen und entsprechende Rituale sollen im Menschen das Göttliche erwecken bzw. ihm dies bewusst machen. Um den Satanismus näher bestimmen zu können, sind wiederholt verschiedene Typologien vorgeschlagen worden. Demzufolge sind als Hauptrichtungen die eher geschlossenen sog. okkult-ideologischen Gruppen vom eher spontan auftretenden Jugendsatanismus zu unterscheiden. Darüber hinaus ist nicht ausgeschlossen, dass es in Deutschland auch Formen eines Privatsatanismus gibt, in dessen engerem Kern es zum Ausleben sexuell-perverser Fantasien und zu Übergriffen, Vergewaltigungen und Missbrauchsfällen kommen kann. Hierzu

lassen sich jedoch keine genauen Angaben machen. In letzter Zeit häufen sich jedoch Aussagen von Opfern, die von brutalen Missbrauchsfällen berichten. Über die Glaubwürdigkeit solcher Fälle wird derzeit kontrovers diskutiert. Innerhalb der satanistischen Szene versucht man sich von derlei Vorkommnissen zu distanzieren mit dem Hinweis, dass solche Praktiken nichts mit »echtem Satanismus« zu tun hätten. Vor allem im Internet begegnet dem Nutzer die Form eines virtuellen Satanismus. Damit sind einschlägige Seiten, Adressen und Foren gemeint, die auf entsprechende Gruppen und Ritualsysteme verweisen und dabei den Eindruck erwecken wollen, es handle sich um größere, aktive Gruppen. Nicht selten existieren diese nur in der Fantasie des jeweiligen Domain-Inhabers. Treibende Motive für solche düsteren Inszenierungen sind häufig Provokation, die Lust an schwarzmagischen Inhalten bzw. an dunklen bzw. düsteren Themen.
Innerhalb der erst genannten, sich selbst als satanistisch einstufenden, untereinander freilich stark divergierenden Richtungen und Ausprägungen des organisierten Satanismus, wobei durchaus Überschneidungen bzw. Überlappungen mit der Okkult-Szene feststellbar sind, lassen sich im Blick auf die Bedeutung Satans unterschiedliche Tendenzen, zum Teil auch Mischformen beobachten: (1) Die Figur Satans wird positiv umgewertet: Er bzw. Luzifer gilt als Urbild des modernen Revolutionärs. (2) Im Zuge einer Entwertung aller Werte wird Satan zum Inbegriff des autarken Menschen, der sich entweder selbst mit Satan identifiziert oder in diesem eine autonome Macht im und durch den Menschen erblickt. Gleichwohl ist nicht zu übersehen, dass in den heutigen Erscheinungsformen des modernen Satanismus eine Vielzahl unterschiedlicher Einflüs-

se zusammenkommt. Deshalb spricht man inzwischen von einem »gesellschaftlichen Syndrom nihilistischer, anarchistischer, okkult-magischer sowie hedonistischer und sexistischer Tendenzen« (*Hans-Jürgen Ruppert*). Dieses Syndrom gibt sich in vielfältiger Weise zu erkennen. Es umfasst: a) die streng hierarchisch organisierten »Orden« oder Satanskirchen, b) eher locker organisierte informelle Gruppen und Cliquen sowie c) Einzelgänger, die sich okkultsatanistischer Accessoires bedienen.

Die okkult-ideologischen Richtungen innerhalb des Satanismus verheißen unbegrenzte Macht. Der Mensch mit seinen ungeahnten Fähigkeiten rückt in das Zentrum des Interesses. Er soll zum Gott emporgehoben werden. Vor allem ein Name spielt in der Szene immer wieder eine Rolle: Der Okkultist *Aleister* → *Crowley* (1875-1947), der im Jahre 1904 die *Magna Charta* des modernen Satanismus im *Liber Al Vel Legis* aufgestellt hat. Darin finden sich die bekenntnisartigen Sätze, die später viele satanistische Richtungen beeinflussen sollten: »Es gibt keinen Gott außer dem Menschen« und »Tu, was du willst, sei das ganze Gesetz«. Dieses sog. Thelemitische Gesetz enthält sozialdarwinistische Anschauungen und schuf die Grundlage für eine satanistische Diesseits-Religiosität, die vorsieht, den eigenen Wahren Willen (= Thelema) auszuleben und als Recht des Stärkeren auszukosten. Im Sinne der Selbstvergottung des Menschen versteht sich *Michael D. Eschner*, Gründer der → *Thelema Society*, eigenen Angaben zufolge als satanistisch. Damit wird deutlich, dass sich der Satanismus zwischen Religion und Kriminalität bewegt. Die Antihaltung zur Kirche bzw. zur jüdisch-christlichen Tradition und ihres Wertekanons wird auch an anderer Stelle deutlich. In manchen Fällen geht es um die

Umwertung bestehender Werte bzw. den Tabubruch zum Programm zu erheben. Provokation und Abgrenzung spielen eine wichtige Rolle. Oftmals wird ein radikaler Individualismus vertreten, wobei der Stärkere sich behaupten soll. So heißt es etwa in der Satanischen Bibel des Amerikaners und Gründers der Church of Satan, *Anton Szandor* → *LaVey*: »Wir sind nicht länger demütige Schwächlinge, die vor einem ungnädigen Gott zittern, dem es egal ist, ob wir leben oder sterben. Wir sind selbstbewusste, starke Menschen – wir sind Satanisten!« Für ihn ist der Satanismus eine Religion, die den Mensch und dessen Autonomie in das Zentrum eines diesseits religiösen Entwurfs rückt. Dabei handelt es sich um die Erscheinungsform eines rationalistischen Satanismus. Stärke und Lebenslust bestimmen diese vitalistische Weltsicht. Der Satanismus wird damit zur Power-Religiosität, der scheinbar keine Grenzen mehr gesetzt sind. Die Lust am Bösen entspringt einem Gefühl der totalen Entgrenzung und der Enthebung aller Werte. Man sollte die unterschiedlichen Formen des Satanismus zwischen Religion und Kriminalität weder dramatisieren noch verharmlosen. Im konkreten Einzelfall sind jeweils die satanistischen Motive zu berücksichtigen, die zu einer mehr oder weniger intensiven Beschäftigung mit einschlägigen Themen geführt haben. Als mögliche Ursachen werden oft genannt: Protest, Provokation, Abgrenzung, Machtgewinn bis hin zum Aufbau einer okkult-magisch suggerierten (Schein-)Identität. In manchen Fällen können auch Gruppenabhängigkeit und Kontrollmechanismen (z.B. gruppeninterne Schweigegelübde) erschwerend hinzukommen. In solchen Fällen ist es für Betroffene ratsam, mit einer Beratungsstelle Kontakt aufzunehmen. Am Ende des Buches gibt es ein Adressenverzeichnis für mögliche Anlaufstellen.

Schiller-Institut, → *Bürgerrechtsbewegung Solidarität*

Schwarze Szene, → *Gothic-Szene*

Scientology-Organisation, von dem amerikanischen Science-Fiction-Autor *Lafayette Ronald Hubbard* (1911-1986) Anfang der 1950er-Jahre entwickelte Ideologie. *Hubbard* glaubte erkannt zu haben, dass sog. Engramme (etwa: unbewusste Erinnerungsinhalte) den menschlichen Verstand überschatten und damit dessen eigentlich unbegrenzte Möglichkeiten einengen. Der zentrale Werbespruch der Scientology lautet deshalb: »Wir nutzen nur 10% unseres geistigen Potenzials.« Scientology verheißt, jene Engramme löschen zu können, damit der Klient die restlichen 90% seiner Fähigkeiten aktivieren kann. Dieser Grundgedanke wurde bis heute beibehalten, auch wenn er von *Hubbard* in einigen Aspekten modifiziert wurde: So glaubte *Hubbard* ursprünglich, dass die Engramme überwiegend aus vorgeburtlicher bzw. frühkindlicher Zeit stammen. Seit dem Ende der 1950er-Jahre spricht er jedoch davon, dass die Engramme (jetzt sog. Faksimiles) sogar aus früheren Inkarnationen des Thetan (in etwa: Seelenkern des Menschen) sein können. Scientology meint, einen Weg zur »völligen Befreiung« des Menschen weisen zu können. Damit wären Krankheiten, Lernbehinderungen, menschliche Schwächen, Neurosen, Psychosen, aber auch kriegerische Auseinandersetzungen usw. endgültig zu überwinden. Den Weg dorthin bezeichnet Scientology als Brücke zur Freiheit. Konkret handelt es sich hierbei um ein Geflecht von Psycho-Kursen, die teuer bezahlt werden müssen. Der zum Einstieg übliche Kommunikationskurs kostet bereits einige 100 Euro, der sog. Reinigungsrundown ca. 4 000 Euro, die obligatorischen 12,5 Stunden → *Auditing* ebenfalls etwa 4 400 Euro. Ferner gibt es für fast alle Lebenslagen spezielle Kurse. Um die höheren Heilsstufen, die sog. OT-Stufen zu erzielen, ist jeweils mit Kosten von mehreren zehntausend Dollar zu rechnen, wobei die Gebühren als Spenden deklariert werden. Das entscheidende Instrumentarium ist das sog. Auditing (lat.: audire = zuhören), ein Setting aus Frage und Antwort zwischen dem Auditor und seinem Klienten. Der Mensch, der auditiert wird, heißt bei Scientology »Preclear«. Preclear bedeutet soviel wie noch nicht Geklärter bzw. noch nicht Befreiter. Jemand der durch Auditing von seinen Engrammen befreit worden ist, heißt »Clear«. Clear ist so etwas wie die erste Heilsstufe, die höheren Stufen sind die OT-Stufen. Kritiker beschrieben das Auditing als eine Psychotechnik, die manipulierend in das Seelenleben des Klienten eingreift und diesen langsam vom Auditor und damit von Scientology abhängig macht. 1954 erhob Hubbard die von ihm gefundene Heilslehre in den Rang einer »church«. Diese »Kirchen«-Gründung ist umso verblüffender, da *Hubbards* Psychotechnik bis zu jenem Zeitpunkt an keiner Stelle als Religion aufgetreten war. Kritiker verweisen deshalb darauf, dass sich *Hubbard* aus steuerlichen Gründen zu diesem Schritt entschieden haben dürfte. Seit 1993 ist Scientology in den USA von den Steuerbehörden als gemeinnützige religiöse Organisation anerkannt. In Deutschland ist die Frage, ob Scientology eine Religion gemäß Art. 4 Grundgesetz ist, umstritten. Ein wegweisendes

Urteil erging im März 1995 vom Bundesarbeitsgericht in Kassel: Dort heißt es, Scientology sei »eine Institution zur Vermarktung bestimmter Erzeugnisse« und damit keine Religions- oder Weltanschauungsgemeinschaft im Sinne von Art. 4 Grundgesetz. Eine Enquete-Kommission des Deutschen Bundestags kam zu der Einschätzung, dass Scientology politische Ziele verfolgt. Es ist bekannt, dass zahlreiche Firmen bei Scientology bzw. ähnlichen Organisationen Kurse belegten. Aussteiger berichten von Plänen der Scientology, die Wirtschaft zu infiltrieren bzw. in der Gesellschaft die Macht zu übernehmen. Mehrfach hat sich die Konferenz der deutschen Innenminister besorgt geäußert. »Das endgültige Ziel der Scientology-Organisation ist die Scientologisierung der Gesellschaft. Würde die Strategie aufgehen und von staatlicher Seite nicht eingegriffen werden, käme dies schleichend einer Unterwanderung unseres politischen Systems gleich.« Im Jahre 1997 hatten sich die Innenminister darauf verständigt, Scientology bundesweit durch den Verfassungsschutz beobachten zu lassen. Man wollte klären, ob sich der Verdacht verfassungsfeindlicher Aktivitäten erhärtet. In einem entsprechenden Gutachten hieß es, Scientology verfolge »Ideen des absoluten, heldischen Übermenschen« und befinde sich auf dem »Weg zur Weltherrschaft«, wobei sie die »lästigen Fesseln des Liberalismus und der Demokratie« abstreifen wolle. Eine Schlüsselrolle kommt dabei der scientologischen Kaderorganisation → *Sea-Org* zu.

In jüngster Zeit reagiert die Öffentlichkeit auf Scientology sehr sensibel. Mitunter wird der Einfluss dieser Organisation deutlich überschätzt. Laut Verfassungsschutz dürfte Scientology in Deutschland lediglich 5 000 bis 6 000

Mitglieder haben. Weltweit ist von etwa 100 000 Mitgliedern auszugehen.

→ *Citizens Commission on Human Rights*
→ *Criminon*
→ *Deutsches Büro für Menschenrechte*
→ *Free Mind*
→ *International Association of Scientologists*
→ *Kommission für Verstöße der Psychiatrie gegen Menschenrechte*
→ *Narconon*
→ *Sea-Org*

Sea-Org, eigentl. Sea Organization, ein Zweig der → *Scientology-Organisation.* Aufgebaut wie eine »paramilitärische Kadertruppe« (so der Verfassungsschutz) handelt es sich hierbei um eine ideologische Elite der Scientology, die mit weitreichenden Befugnissen ausgestattet ist. Die Mitglieder der Sea-Org sollen jeden Widerstand gegen die Expansion der Scientology brechen. In den hauseigenen Zeitschriften ist die Rede davon, dass ein solcher Widerstand »zerschlagen«, »ausgerottet« bzw. »ausgeschaltet« werden muss. Die Mitglieder der Sea-Org haben eine Verpflichtungserklärung unterschrieben, mit der sie sich für eine Milliarde Jahre an die Scientology binden. Aussteiger aus der Scientology berichten davon, dass die Sea-Org eigene Straflager (sog. Rehabilitation Project Forces (RPF)) betreibt, in denen Abtrünnige interniert werden können. Die Sea-Org bestreitet zwar nicht die Existenz dieser Lager, beschreibt diese jedoch als Einrichtungen zur »Läuterung« bzw. »Besserung« Einzelner. Nach eigenen Auskünften sollen der Sea-Org weltweit etwa 5 000 Personen angehören.

Sechstes und Siebentes Buch Mose, → *Aberglaube*

Seelenwanderung, → *Reinkarnation*

Sekte, (lat. sequi = jdm. folgen, nachfolgen) umgangssprachlich für eine kleine Religionsgemeinschaft. Der Begriff Sekte ist äußerst problematisch, weil er schnell negative Assoziationen im Sinne von »problematische Sekte« weckt. Neutraler und sachgemäßer ist die Bezeichnung Religionsgemeinschaft oder der eher im kirchlichen Bereich verbreitete Ausdruck »Sondergemeinschaft«. Traditionell sind Sekten Abspaltungen von einer (meist größeren) Religionsgemeinschaft. Aus dieser Sicht hat die abgespaltene Gruppe den Boden des gemeinsamen Glaubens verlassen oder die alten Glaubenswahrheiten verändert. Oft verschlechtert sich die Beziehung zwischen beiden so weit, dass die Sekte ihrer Mutterkirche jegliche Glaubwürdigkeit abspricht und für sich selbst beansprucht, den einzig wahren Weg zum Heil des Menschen zu kennen. Häufig fordert sie von ihren Anhängern im gleichen Atemzug totale Unterordnung unter die eigenen Heilswahrheiten und bedingungslosen Anschluss an die eigene Organisation. Diese Radikalisierung kann man als »Versektung« beschreiben. Typisch für versektete Religionsgemeinschaften ist der exklusive Anspruch (»nur wir!«), die Radikalität der Verheißung (»entweder – oder«) und die vereinfachten Antworten auf komplizierte Lebensfragen (»wir haben das Patentrezept«).

Eine große Schwierigkeit beim Gebrauch dieses Begriffs besteht auch darin, dass mitunter sehr unterschiedliche Gemeinschaften in einem Atemzug als Sekten bezeichnet werden. Damit jedoch werden wichtige Unterschiede zwischen den Gruppen verschleiert. Im staatlichen oder schulischen Zusammenhängen sollte mit dem Wort Sekte zurückhaltend umgegangen werden; aus der Umgangssprache wird sich dieser Begriff jedoch kaum verdrängen lassen.

Sigrid-Quelle, → *Aandersan, Alexander*

Silent Unity, → *Unity*

Sokrates AG, → *St. Michaelsvereinigung*

Sondergemeinschaft, → *Sekte*

Spirit, Zweimonatszeitschrift der → *Neuapostolischen Kirche*, die sich vorrangig an Jugendliche wendet. Damit wird das Angebot von → *Unsere Familie* ergänzt. Wie alle anderen Publikationen der Neuapostolischen Kirche erscheint *Spirit* im Friedrich Bischoff Verlag (Frankfurt/Main). *Spirit* ist erst seit Oktober 2002 auf dem Markt.

Spiritismus, spiritus (lat. = Geist), im Kontext des → *Okkultismus* die Überzeugung, dass man durch bestimmte Techniken mit Verstorbenen oder Geistwesen in Kontakt treten könne, um Aufschluss über das Leben nach dem Tod bzw. das Jenseits zu erhalten. Dies kann entweder durch ein physikalisches Medium (schreibender Tisch, Pendel, Gläserrücken) oder einen entsprechend eingestimmten oder begabten Menschen als Medium erzielt werden. Dahinter steht häufig die Vorstellung, dass die sichtbare, als grobstofflich verstandene Welt von einer jenseitigen zu unterscheiden ist, die von Geistern bzw. Verstorbenen

»bewohnt« ist. Generell gehen Anhänger dieser Weltanschauung von der Überzeugung aus, dass eine Kommunikation mit der jenseitigen Welt möglich ist. Der Tod wird dabei nicht als Grenze, sondern als bloßer Übergang zu den jenseitigen Bereichen verstanden. Im Zuge einer neu erwachten Sehnsucht nach einer religiösen Wiederverzauberung der Welt hat der Spiritismus in Europa noch immer eine große Faszinationskraft und erlebt auf unterschiedlichen Feldern eine neue Renaissance. Gefragt sind nach wie vor entsprechende Praktiken sowie spiritistisch gedeutete Experimente und Erfahrungen des mediumistischen Jenseitskontaktes, die unter Jugendlichen und jungen Erwachsenen immer wieder zu beobachten sind – durch die Beiträge zur Sterbe- und Jenseitsforschung (*Raymond Moody*, *Elisabeth Kübler-Ross*) und im Zusammenhang einzelner Geistheiler, die sich auf Einwirkungen höherer Wesen bzw. verstorbener »Autoritäten« berufen. Hierbei handelt es sich in Wirklichkeit um »Geister-Heiler«. Möglich ist aber auch, dass verstorbene Wunderheiler sich ihren Anhängern zeigen und angebliche Heilerfolge erzielen. Zu nennen ist als Sonderfall in diesem Zusammenhang auch der vor allem in Mittel- und Osteuropa erfolgreiche → *Bruno-Gröning-Freundeskreis* mit weltweit 30 000 Anhängern, dessen Namensgeber, der 1959 verstorbene *Gröning*, angeblich auch aus dem Jenseits Heilerfolge zu erzielen vermag: die medialen Botschaften kleinerer offenbarungsspiritistischer Zirkel, die zum Teil sehr umfangreichen literarischen Werke sog. Neuoffenbarerkreise und Neuoffenbarungsbewegungen sowie die Herausbildung synkretistischer Neureligionen auf der Basis medialer Kundgaben über göttliche Sprech- oder

Schreibwerkzeuge wie beim Orden → *Fiat Lux* und dem → *Universellen Leben.*

Beim Spiritismus kann zwischen einem anglo-amerikanischen (*Andrew Jackson Davis*, 1826-1910) und einem romanischen Typ (*Leon Hippolyt Dénizard Rivail* alias *Allan Kardec*, 1804-1869) unterschieden werden, wobei Letzterer vor allem in Brasilien mit der Ausformung synkretistischer Neureligionen erhebliche Bedeutung erlangt hat. Neben dem kardecistischen Spiritismus findet sich dort auch der sog. umbandistische Spiritismus. Ein weiteres wichtiges Unterscheidungskriterium: Dem US-amerikanischen Spiritismus ist im Unterschied zum romanischen Typ die Idee der wiederholten Erdenleben (→ *Reinkarnation*) fremd. Im Blick auf den Spiritismus kann unterschieden werden zwischen Vulgärspiritismus (= unkritische Annahme der Geister-Manifestationen), experimentellem Spiritismus (= wissenschaftliche Erforschung einzelner Phänomene) und dem Offenbarungsspiritismus (= Kundgaben höherer Wesen oder Autoritäten). Was geschieht in der spiritistischen Praxis? In einer Sitzung (Séance) wird in Anwesenheit eines Mediums oder mehrerer Medien der Kontakt zum Jenseits bzw. zu bestimmten Geistern hergestellt. Die Manifestation der Geister kann auf zweierlei Weise erfolgen: durch den Mund der Medien (Sprechmedien), durch automatische Praktiken (automatisches Schreiben, Malen, Komponieren) oder besonders durch mechanische Methoden wie a) schreibendes Tischchen (= Planchette): Ein dreibeiniges Brettchen mit drehbaren Rollen und einem befestigten Schreibstift, der über das Papier fährt, wenn die Hand auf das Brettchen gelegt wird. Dabei schreibt das Tischchen fortlaufend Worte oder Sätze auf die jeweilige Unterlage;

b) Gläserrücken: Ein Glas wird mit der Öffnung nach unten auf einen Tisch mit Buchstaben gelegt. Es gerät in Bewegung, wenn einige Finger der Teilnehmer darauf gelegt werden. Darunter befindet sich kreisförmig angebracht das Alphabet, die Zahlen 0 bis 9 sowie »Ja« und »Nein«. Diese Buchstaben- bzw. Ziffern-Anordnung wird auch als »Oui-ja-Board« bezeichnet. Im Verlauf der Sitzung werden Fragen gestellt, wobei sich das Glas durch unbewusste oder intelligent gesteuerte Muskelbewegungen der Teilnehmer zu den einzelnen Zahlen oder Buchstaben hinbewegt, die zusammengesetzt oft sinnvolle Botschaften ergeben und die Tendenz zur Personifizierung (»Geist«) erkennen lassen; c) Pendeln über dem Alphabet oder über Gegenständen: So kann mit einem Ring an einem Faden über Buchstaben gependelt werden, wodurch Botschaften entstehen. Denkbar ist auch, dass über Objekten gependelt wird, wobei nach einem zuvor festgelegten System Fragen über Vergangenheit, Gegenwart und Zukunft mit Ja oder Nein beantwortet werden; d) Wünschelrutengehen, Kristallsehen; daneben können nicht anerkannte Deute- und Beratungspraktiken wie Tarotkarten legen, Handlesen oder Horoskopdeutungen genannt werden. Der Spiritismus versucht Antworten auf das unbewältigte Problem des Todes zu geben und verheißt Einblicke in die jenseitige Welt. Der Blick hinter den Vorhang hat seinen Reiz. Wo christlicher Glaube auf Kreuz und Auferstehung und auf den Glauben verweist, geht es dem Spiritismus um Sicherheit, Beweiskraft und letztlich um die aus angeblichen Jenseitskontakten gespeiste Gewissheit, »dass mit dem Tode nicht alles aus ist.« Besonders für Jugendliche hat das Experimentieren mit Kontakten zu Geistern seinen besonderen Reiz. Die Motive sind oft

Neugier, Erlebnishunger, aber auch Hoffnung auf lebenspraktische Ratschläge (bei der Berufs- und Partnerwahl, bei Schulsorgen oder Zukunftsängsten). Selbst wenn bestimmte Phänomene natürlich erklärt und entzaubert werden können, sollte im Umgang mit Betroffenen auch geklärt werden, welche Motive zu der Beschäftigung mit spiritistischen Praktiken geführt haben. Bei einer längerfristigen und besonders intensiven Okkultpraxis besteht je nach Persönlichkeitsstruktur die Gefahr der Abhängigkeit und des Wirklichkeitsverlusts.

Spiritualismus, im Kontext des modernen → *Okkultismus* eine Sammelbezeichnung für eine weltanschauliche Richtung, die ausgehend von den über sog. Medien (Mittlerpersonen) erhaltenen Geistermitteilungen das Leben nach dem Tod bzw. das Jenseits wissenschaftlich beweisen möchte. In manchen Fällen sprechen die Anhänger dieser weltanschaulichen Richtung in Abgrenzung zum Spiritismus von einem »Geistchristentum«, wobei jenseitige Mitteilungen als weiterführende Erkenntnisse bzw. als Bestätigung eines spiritualistischen Weltbildes gedeutet werden.
→ *Greber, Johannes*
→ *Offenbarungen, neue*

Sri Chinmoy-Bewegung, obwohl die Zahl seiner Schüler vergleichsweise gering ist, gelingt es *Sri Chinmoy* (eigentl. *Chinmoy Kumar Ghose*) immer wieder, das Interesse der Öffentlichkeit auf sich zu lenken. Meist sind es sog. Friedensläufe oder andere Friedensaktivitäten, mit denen er auf sich und seine Bewegung (Sri Chinmoy Marathon Team) aufmerksam macht, mitunter aber auch geschickt in Szene gesetzte Fotos, auf denen *Sri Chinmoy* in Begleitung prominenter Personen aus Politik und Gesellschaft zu sehen ist.

Geboren wurde *Sri Chinmoy* 1931 im heutigen Bangladesh. Mit zwölf Jahren trat er in den südindischen Ashram von *Sri Aurobindo* ein. Hier lebte er in spiritueller Disziplin, verbrachte aber auch viel Zeit mit dem Musizieren, dem Schreiben von Gedichten und Essays sowie sportlichen Aktivitäten. 1964 ging er nach New York. Ab 1970 bot er Meditationskurse bei den Vereinten Nationen an. Da dieser Umstand in der Öffentlichkeitsarbeit der Bewegung eine große Rolle spielt, sei Folgendes angemerkt: Die Meditationsangebote waren kein offizieller Teil der Arbeit der Vereinten Nationen. Dennoch gelang es *Sri Chinmoy* hier, zahlreiche Kontakte zu Politikern zu knüpfen. Die offizielle Biographie ist voller Lob: »*Sri Chinmoys* Leben ist ein Ausdruck grenzenloser Kreativität. Sein enormes Werk umfasst die Gebiete der Musik, der Dichtung, der Malerei, der Literatur und des Sports. In all diesen Bereichen hat er Bedeutendes und Zukunftsweisendes hervorgebracht.«

Die Sri Chinmoy-Bewegung ist eine Meditationsbewegung. Die vielen Plakate, die zu Veranstaltungen einladen, werben fast immer mit dem Stichwort Meditation, z.B. »Lebensfreude durch Meditation«. Was der Interessent jedoch nicht weiß und nicht erfährt: Es handelt sich hierbei nicht um irgendeine Meditation, sondern häufig dient ein Bild des *Sri Chinmoy* als Meditationsgegenstand: »Die beste Art der Meditation wird dadurch kommen, dass Sie auf mein transzendentales Bild schauen und sich in mich werfen.« Zwar sind solche Bildmeditationen dem hinduistischen Denken nicht fremd, für Europäer ist diese starke Fixierung auf einen lebenden Meister jedoch eher ungewöhnlich. Man kann sagen, dass die Schüler den Meister in sich aufnehmen und so in eine starke Abhängigkeit geraten können. Dies wird auch darin sichtbar, dass von den Anhängern erwartet wird, dass sie ein- bis zweimal jährlich nach New York fliegen, um in räumlicher Nähe zum Meister zu sein. Im Alltag zeichnen sich die Schüler *Sri Chinmoys* durch eine starke Askese aus: Verzicht auf Alkohol, Nikotin und Drogen sind selbstverständlich, ebenso strenge vegetarische Ernährung und sexuelle Enthaltsamkeit. Erfahrungsgemäß treten auch Fragen von Beruf und Ausbildung in den Hintergrund. Weltweit dürfte die Bewegung etwas mehr als 1 000 Mitglieder haben.

Sri Chinmoy Marathon Team, → *Sri Chinmoy*

Sri Sri Ravi Shankar, geb. 1956 in Indien, fühlte sich *Ravi Shankar* einige Zeit zur → *Transzendentalen Meditation* hingezogen. Ab 1982 baute er eine eigene Organisation unter dem Namen Art of Living (= Kunst des Lebens) auf. Inzwischen ist diese Stiftung in mehr als 130 Ländern der Welt anzutreffen und sie hat einen Beraterstatus bei der UNO für Wirtschafts- und Sozialangelegenheiten. Im Mittelpunkt der Aktivitäten steht eine Atemtechnik, mit der der Mensch sich reinigen kann: Giftstoffe und negative Gefühle werden ausgeschieden und positive Kräfte gesammelt. Diese Meditation (so verheißt die Werbung) sei »wie das Abwischen einer voll geschriebenen Tafel«. So soll die Gesundheit und das Wohlbefinden verbessert werden können. Kritiker bemängeln, dass die Botschaften, die *Ravi Shankar* bei öffentlichen Auftritten vorträgt,

immer wieder in der Gefahr stehen, ins Banale abzugleiten. Von seinen Anhängern wird *Ravi Shankar* als His Holiness (= Seine Heiligkeit) verehrt.
Übrigens sollte *Ravi Shankar* nicht mit dem gleichnamigen Musiker verwechselt werden, der z.B. an dem legendären Woodstock-Festival beteiligt war.
In Bad Antogast im Schwarzwald, zwischen Freudenstadt und Offenburg, befindet sich seit 1995 das europäische Zentrum Kunst des Lebens. Hier werden seit dem Jahr 2000 Ayurveda-Kurse angeboten.

St. Michaelsvereinigung, eine in den 1970er-Jahren von *Paul Kuhn* (1920-2002) in Dozwil/Schweiz gegründete umstrittene Gemeinschaft, die sich in Lehre und Praxis von neuen → *Offenbarungen* des Erzengels Michael durch auserwählte Medien leiten lässt. *Paul Kuhn* wurde am 10. Januar 1920 im schweizerischen Romanshorn geboren und wuchs im evangelisch-reformierten Glauben auf. Im Anschluss an die Sekundarschule absolvierte er eine Gärtnerlehre. Zwischen 1952 und 1962 betrieb *Kuhn* einen Laden für Gemüse, Zierfische und Singvögel. Während dieser Zeit wuchs bei ihm das Interesse an übersinnlichen Themen. Er bildete sich nebenberuflich zum Coué-Lehrer aus und begann über diese Autosuggestionsmethode, die der französische Apotheker und Psychotherapeut *Emile Coué* (1857-1926) entwickelt hatte, auch Vorträge zu halten. 1964 soll *Kuhn* offiziellen Angaben zufolge ein übersinnliches Erlebnis widerfahren sein: »Sein Geist wurde während einer Entspannungsübung durch einen hellen Lichtkanal aus dem Kosmos in himmlische Sphären entrückt«. 1965 kam es zum Bruch mit der Coué-Bewegung, weil *Kuhn* zwei Frauen als Medien, durch die → *Engel* und Heilige sprachen, in seine Beratungstätigkeit mit einbezogen hatte. Das Medium *Maria Gallati* (1919-1988), eine durch den traditionalistisch-marianischen Katholizismus geprägte Frau, übte nachhaltigen Einfluss auf *Paul Kuhn*, den sie zwischen 1964 und 1969 geistig schulte, sowie auf das sich allmählich abzeichnende Glaubenssystem aus. *Kuhn* erhielt seither »Offenbarungen des Himmels«. Von 1964 bis zu ihrem Tod diente *Gallati* der Gemeinschaft als »Sprechwerkzeug des heiligen Erzengels Michael«. 1971 entstand das heutige Zentrum, der Gnadenort, in Dozwil. Hier hielt *Kuhn* als »Priester« der Gemeinschaft regelmäßig Messfeiern ab, die von Anhängern aus der Deutschschweiz und dem benachbarten Ausland besucht wurden. 1974 trat die Gemeinschaft offiziell unter dem Namen Ökumenische St. Michaelsvereinigung auf. Ihr Ziel: »Organisation, Sicherstellung und Förderung der Missionstätigkeit auf ökumenischer Basis im Dienste der heiligen Erzengel Michael, Gabriel, Raphael und Uriel«. *Kuhn* galt als → *Reinkarnation* des Apostels *Paulus*. In den 1980er-Jahren spielten apokalyptische Botschaften für die Gruppe eine immer größere Rolle. Nach dem Tod des Mediums *Gallati* am 16. Januar 1988 kam es zur Krise. Die apokalyptischen Töne nahmen in den Botschaften zu. Der Weltuntergang wurde für den 8. Mai 1988 erwartet. An diesem Tag kam es zu Krawallen in Dozwil. Die Autorität der prophetischen Personen wurde durch dieses Ereignis zutiefst erschüttert. Neue mediale Werkzeuge begannen sich hervorzutun, so etwa *Monika Hofer* aus Bayern. Sie stand bereits vor *Gallatis* Tod im Kontakt mit der Gruppe, verließ sie aber Anfang der 1990er-Jahre wieder. *Paul Kuhn* legte das Werk Anfang der 1990er-Jahre in andere Hände. Bis 2003 leitete der pensionierte Kantonsschullehrer *Ulrich Aeberhard*, der sich als der Evangelist *Matthäus* bezeichnete, die Gemeinschaft. Er soll seit mehr als zehn Jahren über automatisches Schreiben, das die Gemeinschaft als »geistgeführtes Schreiben« betrachtet, neue Offenbarungen empfangen. Seit den gravierenden Ereignissen von 1988 hat sich die Gemeinschaft stärker dem missionarischen Anliegen geöffnet. Die neuoffenbarerische Gemeinschaft ist vor allem im deutschsprachigen Bereich aktiv und zählt rund 3 000 Anhänger. Die Naherwartung spielt nach wie vor eine große Rolle. Allerdings ist nicht mehr vom Weltuntergang, sondern von der »Zeitenwende« die Rede. Im Jahr 1998 wurde mit Unterstützung der St. Michaelsvereinigung die Stiftung Sokrates für Gesundheit, Bildung und Erziehung gegründet: »Ziel und Zweck: Planung und Bau einer neuen christlichen Klinik für Patienten mit schweren Krankheiten sowie Förderung der Naturmedizin durch Forschung und Entwicklung«. 1999 erwarb die Stiftung Sokrates ein Grundstück in Güttingen (Schweiz) für das Klinikprojekt. Im Jahr 2002 eröffnete »die Sokrates AG ... in Güttingen als erste Etappe ein Ambulatorium mit Homöopathie- und Musiktherapiepraxis.« Nach dem Tod *Paul Kuhns* im Jahre 2002 führte *Aeberhard* die Gemeinschaft. Doch aus Krankheitsgründen setzte er vorsorglich die beiden »Priester« *Willy Bolliger* (Olten) und *Thomas Graber* (Rorschacherberg) zu Nachfolgern ein. Seit dem Tod *Aeberhards* im Jahre 2003 leiten die beiden »geweihten Priester« die Gruppe. Die Zeitschrift der Gemeinschaft heißt *Benedicite.* Eigenen Angaben zufolge sollen rund 3 000 Menschen aus der Schweiz, Deutschland und Österreich regelmäßig die Wochenendgottesdienste der St. Michaelsvereinigung besuchen, die aufgrund ihrer eigenwilligen

Lehre und Praxis nicht mehr zur Ökumene der christlichen Kirchen gerechnet werden kann.

Stamm der Likatier, bis 1998 Stamm Füssen Eins, eine 1974 von *Wolfgang* → *Wankmiller* in Füssen/Allgäu gegründete spirituelle Gemeinschaft, die infolge kritischer Medienberichte deutschlandweit bekannt wurde. Darin wurden ihr u. a. angeblich totalitäre Kontrollsysteme, Ausbeutung und mutmaßlich jugendgefährdende sexuelle Praktiken vorgeworfen. Seit 2003 ist die Gruppe mit einer eigenen Internetpräsenz an die Öffentlichkeit getreten, um die gegen sie erhobenen Vorwürfe zu entkräften. Nach eigenen Angaben gehören ihr derzeit rund 160 Personen an. Die Selbstbezeichnung Stamm der Likatier geht offensichtlich auf den Namen eines vindelizischen Volksstammes zurück, der im Allgäu siedelte. Als »Kerngebiet von Likatien« gilt die im Radius von 20 km entfernte Region »um den Berg Säuling herum« – ein Gebiet, »das teilweise in Bayern und teilweise in Tirol liegt«. Die Begrifflichkeit einer »Stammesgesellschaft« signalisiert zugleich ein Programm: Der leitende Gedanke ist dabei der Entwurf und die Umsetzung einer Art Gegengesellschaft nach dem Modell von Stammeskulturen. In der Selbstdarstellung heißt es, dass man »natürliche« Hierarchien und Autoritäten befürworte und intern an der »Verwirklichung matriarchalischer Machtstrukturen« arbeite (obwohl *Wankmiller* nach wie vor Leitungsaufgaben wahrnimmt). Intern gibt es einen Aufbau in Form konzentrischer Stammeskreise. Wie es heißt, beschäftigt sich die Gruppe *Wankmillers* »mit Träumen, Trancen, Beziehungen, Erotik, Macht, Aggressionen, Therapieformen, Ernährung, Erziehung, Hinterfragen von Moral und Tabus, Philosophien,

Revolutionierung der Lebensweise etc. Wir sind weder an eine religiöse noch an eine politische Institution, Ideologie oder Tradition gebunden.« Ihr Wirken begreift die Füssener Gemeinschaft als »Beitrag zum Totalausstieg aus einem Irrweg der Menschheit und zum Totaleinstieg in eine Menschheits-Zukunft«. Kritiker werfen der Gruppe sektenhafte Züge vor. Die Gruppe verschleiere ihre tatsächlichen Ziele und schaffe ein undurchsichtiges Geflecht verschiedener vorrangig wirtschaftlich orientierter Einrichtungen. Dabei ist besonders der Esoterikmessen-Veranstalter Pro Expo in die Kritik geraten, dem enge Verflechtungen mit der Gruppe *Wankmillers* nachgesagt werden.

Star's Edge International, → *Avatar*

Steiner, Rudolf (1861-1925), esoterischer Schriftsteller, Philosoph sowie späterer Begründer der → *Anthroposophie* und Anthroposophischen Gesellschaft. Zunächst gab *Steiner* die naturwissenschaftlichen Schriften *Goethes* heraus und promovierte 1891 in Rostock im Fach Philosophie. Um die Jahrhundertwende kam er auch mit der deutschen Sektion der Theosophischen Gesellschaft in Kontakt, deren Amt er als Generalsekretär von 1902 bis 1913 innehatte. Wegen interner Differenzen um den Hindu-Knaben *Krishnamurti*, den die führenden Köpfe der Theosophischen Gesellschaft als wiedergekommenen Christus proklamierten, kam es zum Bruch. *Steiner* konstituierte Anfang 1913 die Anthroposophische Gesellschaft. Durch zahlreiche Schriften und Vorträge trat er an die Öffentlichkeit. Er schrieb rund 40 Bücher und hielt mehr als 6 000 Vorträge, die größtenteils als Abschriften vorliegen. Die Gesamtausgabe seiner Schriften umfasst rund

350 Bücher. Für die anthroposophisch geprägte → *Christengemeinschaft*, der er selbst nicht angehörte, formulierte er das bis heute gültige Glaubensbekenntnis.
→ *Theosophie*

Die Stimme der Wahrheit, Monatszeitschrift der → *Gemeinde Gottes – Cleveland.*

Swedenborg, Emanuel (1688-1772), schwedischer Naturwissenschaftler, empfing nach umfangreichen naturwissenschaftlichen Studien ab 1745 – wohl als Ergebnis einer inneren Krise – aufgrund einer Christus-Vision neue Offenbarungen, die für die Menschheit den geistigen Sinn der Heiligen Schrift aufschließen sollten. Noch zu Lebzeiten erlangte *Emanuel Swedenborg* legendären Ruhm. Seine religiösen Schriften haben weit über den Kreis seiner organisierten Anhänger hinaus gewirkt. Einflüsse lassen sich u. a. auch bei *Goethe*, *Balzac*, *Schelling* und – trotz anfänglich heftiger Kritik – auch bei *Immanuel Kant* (*Träume eines Geistersehers*) finden. Nachhaltig wirkte *Swedenborgs* Konzept der fünf »Kirchen« im Sinne von aufeinander folgenden Zeitaltern u. a. auf die New-Age-Bewegung und auf die neue Religiosität insgesamt. Die neuen → *Offenbarungen*, die *Swedenborg* mit der Aufschließung des inneren Sinnes der Bibel 1745 erhalten hatte, bilden gleichzeitig den Auftakt für die Geschichte des modernen → *Okkultismus* und den Streit um die rechte Schriftauslegung. Zwar verliert der Sohn eines lutherischen Bischofs die Heilige Schrift nie aus den Augen, doch stellenweise geht seine Jenseitsschau weit darüber hinaus. So schildert *Swedenborg* ausführlich das Leben der Toten in der Geisterwelt. Zu den zentralen Büchern, die *Swedenborg* in lateinischer Sprache abgefasst hatte und die später von seinen Anhängern übersetzt wurden, zählen: *Himmlische Geheimnisse* (1749-1756), *Himmel und Hölle* (1758) sowie *Die wahre christliche Religion* (1771). In der Beschreibung des Himmels finden sich zwei zentrale Gedanken: die Fortdauer menschlicher Liebe im Jenseits und der Gedanke des Fortschritts nach dem Tode. Darüber hinaus wollte *Swedenborg* irrige bzw. missverständliche Aussagen der Kirche seiner Zeit zurückweisen und korrigieren. So lehnt *Swedenborg* die herkömmliche christliche Trinitätslehre ab, weil er dahinter einen Dreigötter-Glauben vermutet. Kritik übt er ebenfalls an der Rechtfertigungslehre, die – so *Swedenborg* – von falschen Voraussetzungen (z. B. vom unfreien Willen des Menschen) ausgehe. Den eigentlichen Schwerpunkt seiner visionär geschauten Theologie bilden die Entfaltung eines neuen Jenseits und die Vorstellung einer »neuen Kirche«, die – so *Swedenborg* – mit dem Empfang der neuen Offenbarungen bereits ihren Anfang genommen habe und alle Konfessionen des Christentums mit dem Geist eines wahrhaft gelebten Christentums durchdringen werde. Spätere Anhänger seines Schrifttums gründeten die → *Neue Kirche.*

T

Talisman, → *Aberglaube*

Thakar Sing, geb. 1929 im Norden Indiens, war viele Jahre als Ingenieur tätig. *Thakar Sing* gehört einer im 19. Jahrhundert in Indien entstandenen Religion, dem sog. Sant Mat an. Sant Mat (= heiliger Pfad oder Lehre der Heiligen) war aus der Religion der Sikhs hervorgegangen und verbindet hinduistische Vorstellungen (z. B. Vorstellungen von → *Reinkarnation* und Karma) mit Elementen des Islam. Im Sant Mat spielt die Person des religiösen Lehrers, des »Satguru« eine zentrale Rolle. Im Laufe der Zeit hat sich die Sant-Mat-Bewegung in unterschiedliche Strömungen aufgespalten, ein Zweig geht auf *Kirpal Singh* (1894-1974) zurück, der für *Thakar Sing* von großer Bedeutung war. 1965 wurde *Thakar Sing* von *Kirpal Sing* initiiert (d. h. in eine religiöse Tradition aufgenommen) und seit dessen Tod im Jahre 1974 erhebt *Thakar Sing* den Anspruch, dessen Werk fortzusetzen.
In den folgenden Jahren begann *Thakar Sing* eine intensive Reise- und Missionstätigkeit in westlichen Ländern. Er soll tausende Anhänger gefunden haben. In Deutschland geriet er wegen problematischer Meditationsmethoden in die Schlagzeilen.
1993 berichtete ein großes deutsches Nachrichtenmagazin unter der Überschrift »Der Guru, der die Kinder quält«, dass in einem Kinderheim Säuglingen die Augen verbunden und ein Ohr zugestöpselt wurden, um diese spirituell zu erziehen. Diese Vorgänge alarmierten die Jugendämter. Schnell wurde deutlich, dass es sich nicht etwa um

Entgleisungen übereifriger Anhänger gehandelt hat, sondern dass *Thakar Sing* selbst diese Form einer (vermeintlichen) spirituellen Erziehung angeregt hat. Später zeigten sich die beteiligten Mütter bestürzt darüber, dass sie solche körperlichen Misshandlungen zugelassen hatten. Der genannte Kindergarten wurde auch unter der Bezeichnung Lichtheim bekannt. Ab dieser Zeit trat die Bewegung unter dem Namen Holosophische Gesellschaft Deutschland e. V., Verein zur Förderung des ganzheitlich heilenden Menschen an die Öffentlichkeit. Inzwischen distanziert man sich von den Ereignissen in dem genannten Kinderheim; die dahinter stehenden Überlegungen zur Meditation bleiben jedoch unverändert.

Aber auch von erwachsenen Mitgliedern werden exzessive Meditationen erwartet: So soll täglich mindestens zwei bis drei Stunden meditiert werden – acht Stunden wären wünschenswert. Dabei spielen Bilder von *Thakar Sing* eine besondere Rolle. In jüngster Zeit wird wieder viel zu Vorträgen in Bildungshäuser und Esoterik-Zentren eingeladen. Oftmals wird mit folgender Schlagzeile geworben: »Sehnsucht der Seele – Woher kommen wir? Wohin gehen wir?« Weltweit soll die Bewegung 150 000 Mitglieder haben. Beobachter halten diese Zahl für weit übertrieben. In Deutschland gibt es vermutlich einige hundert Anhänger.

Thelema Society (TS), eine in 29468 Bergen-Dumme ansässige und der Okkultszene zuzurechnende Gruppe, die 1982 von *Michael D. Eschner* (geb. 1949) unter der Bezeichnung Thelema-Orden des Argentum Astrum in Berlin gegründet wurde. Die derzeit etwa 120 Personen umfassende Gruppe hat seit ihrem Bestehen mehrmals den

Namen gewechselt: Thelema-Netzwerk, seit 1993 Ethos Gemeinschaft Thelema, ab 2001 Thelema Society. Die Umbenennungen sind in engem Zusammenhang mit der wiederholten Straffälligkeit ihres Gründers zu sehen. Bereits während der Berliner Jahre kam *Eschner* mit dem Gesetz in Konflikt (Vorwurf des rituellen Missbrauchs) und verlegte den Sitz seiner Gruppe in die Lüneburger Heide. 1993 wurde gegen ihn ein Verfahren wegen Körperverletzung, Bedrohung und Nötigung eingeleitet, weil er eine Anhängerin mit einer brennenden Zigarette im Genitalbereich gefoltert und sie anschließend vergewaltigt hatte. *Eschner* wurde zu einer Haftstrafe von sechs Jahren verurteilt, wurde aber Ende 1998 unter Bewährungsauflagen wieder entlassen. 2001 wurden neue Missbrauchsvorwürfe von ehemaligen Mitgliedern gegen ihn laut, ohne dass es zum Prozess kam. Seit 2001 tritt die TS mit neuen Aktivitäten an die Öffentlichkeit. 2002 erschien eine Sonderausgabe der Zeitschrift → *AHA* mit dem Titel *Thelema: Der Kult des Sterns und der Schlange*. In dieser Selbstdarstellung heißt es zu Anliegen und Zielen der Thelemiten: Thelema, das altgriechische Wort für Wille, der aufgrund des gleichen Zahlenwertes im kabbalistischen Sinne mit Agape (= Liebe) gleichgesetzt wird. Die TS beruft sich dabei auf *Die »Bibel« des Neuen Äons*, das *Liber Al vel Legis*, das der britische Okkultist *Aleister* → *Crowley* (1875-1947) – für dessen Wiedergeburt sich der Thelema-Gründer *Michael D. Eschner* hält – vom 8. bis 10. April 1904 »in Kairo von einer übermenschlichen Wesenheit, die sich Aiwass nannte«, per Diktat empfangen haben soll. Die Thelemiten sehen sich der Leitidee des Neuen Äons verpflichtet: »Tue was du willst sei das ganze Gesetz. Liebe ist das Gesetz, Liebe unter Willen. Der Tod, oh Mensch, ist dir verboten«. Die TS, die aus Menschen Götter machen will, bezeichnet sich auch als Kult des Sterns und der Schlange: »Unser blauer Planet ist der Kindergarten der Götter. Jetzt werden wir erwachsen und überwinden die materielle Welt. Wir sind nicht geboren, um Staub zu werden. Wir sind Sterne mit der Kraft der Schlange, geboren, um Welten zu erschaffen, Welten zu zerstören und Welten zu erhalten«. Der Stern gilt dabei als eine Art inneres Potenzial des Menschen, als »Metapher für den inneren Kern jedes Menschen, den Sinn seines individuellen Lebens und seinen Wahren Willen, in dem sich dieser Sinn ausdrückt: Jeder Mann und jede Frau ist ein Stern.« Die Schlange wiederum steht »für die spirituelle Kraft jedes Menschen, die als Kundalini-Shakti bezeichnet wird, was mit Schlangenkraft übersetzt werden kann.« Ziel ist es, mithilfe bestimmter Techniken diese Schlangenkraft zu erwecken und den Menschen in eine neue Daseinsform zu überführen, wobei er einen unsterblichen Astralkörper erhält. Dabei spielen auch sexualmagische Praktiken eine Rolle. Durch den sexuellen Akt würden angeblich psycho-physische Kräfte freigesetzt, womit magische Wirkungen erzielt und die Seele kontrolliert aus dem Körper austreten könne. Wenn es gelingt, dass Stern und Schlange sich einander ergänzen, würde der Mensch zum Gott: »Wir nennen Menschen, die dieses Potenzial verwirklicht haben, Immortalisten. Sie leben in und zwischen den Dimensionen der inneren und äußeren Räume und Zeiten. Sie leben in einer endlosen Welt der Freiheit und der Abenteuer, des Kampfes und der Liebe. Sie leben in einer Welt, die sie selbst erschaffen, so wie sie sich selbst erschaffen haben. Diese Menschen sind Götter geworden.«

Intendiert wird dabei »das pralle Leben der alten Götter«. Die TS stellt sich dies so vor: »Die Alten Götter waren Götter, weil sie Fähigkeiten hatten, die über die menschlichen Fähigkeiten weit hinausgingen: übermenschliche Fähigkeiten zu Liebe, Kampf, Schöpfung und Freude – und weil sie unsterblich waren.« Die interne Struktur der TS ist durch drei Kreise bestimmt. Hierzu heißt es: »Die Zusammenarbeit innerhalb der drei Kreise unterscheidet sich durch den Grad an Verbindlichkeit und Nähe, den die Mitglieder anstreben.« Den ersten Kreis repräsentiert die »Kerngemeinschaft« in Bergen. Sie »bildet das Zentrum, die Kraftquelle und den Motor der Thelema Society«. Der Kreis dürfte etwa 30 Personen umfassen und ist eigenen Angaben zufolge für Menschen bestimmt, »die sehr intensiv an ihrer persönlichen Entwicklung arbeiten wollen und zu diesem Zweck in der näheren Umgebung wohnen oder anders sicherstellen können, regelmäßig an den entsprechenden Veranstaltungen teilzunehmen.« Folgende Themen spielen eine Rolle: Bauchtanz, afrikanischer Tanz, Trommeln, Tai Chi, Kampfkunst, Yoga, Body Building, Dehnungsübungen, Energiearbeit, Tantra, Meditation, Philosophie, Magick, Psychologie, Soziologie, Symposien, bewusstseinsverändernde Techniken, Computerspiele spielen und gestalten, Programmieren, Communities im Internet etc. Als Mitglieder des zweiten Kreises werden solche bezeichnet, die zwar an der Arbeit der TS interessiert sind, aber nicht regelmäßig an Veranstaltungen teilnehmen können. Wie es heißt, hätten sie jedoch die Möglichkeit, »eine individuelle Beratung zum Wahren Willen und thelemitischer Lebensgestaltung, Fragen von Sinn- und Lebensgestaltung in Anspruch zu nehmen«. Erwartet wird ein

Mitgliedsbeitrag in Höhe von 3 % des Nettoeinkommens bzw. von minimal 20 Euro. Als Mitglieder des dritten Kreises gelten solche, die die Arbeit der TS ideell und finanziell durch Spenden unterstützen. Seit den letzten Jahren vergrößert die TS ihre Anstrengungen, um – der öffentlichen kritischen Berichterstattung zum Trotz – esoterisch interessierte junge Menschen anzusprechen. Dies geschieht durch neue Kommunikationsmedien (z. B. Internet, DVD), neu geschaffene interne Strukturen sowie durch Veranstaltungen und Events in größeren Städten Deutschlands. Eine wichtige Rolle für die Werbung scheint das Internet zu spielen. Selbstsicher behaupten die Betreiber der Internetplattform → *NewAeon City*, »dass die Community NewAeon City eine der professionellsten Internetplattformen (ist), an der sich Esoteriker, Hexen, Satanisten und Okkultisten beteiligen – wir meinen sogar: die professionellste solche Plattform.« Wenngleich sie in diesem Zusammenhang bestreiten wollen, dass es sich dabei um »das okkult-esoterische Internet-Netzwerk der Thelema-Society« handeln würde, so fällt doch auf: In den vergangenen 18 Monaten hat sich die Mitgliederzahl der registrierten Nutzer nach Aussagen der Betreiber mehr als verdoppelt. Gleichzeitig wird sie intensiv zu Werbezwecken für die TS genutzt. Spätestens seit Gründung der virtuellen Plattform NewAeon City im Internet, die im Herbst 2001 geschaffen wurde und mittlerweile über 5 000 Nutzer vorweisen kann, betreibt die TS eine multimedial angelegte Öffentlichkeitsarbeit. Auf ihrer eigenen Internetseite stellt sie sich als die »derzeit aktivste und bedeutendste thelemitische Gruppierung Deutschlands« vor. Die TS strebt darüber hinaus in der okkultmagischen Szene eine stärkere Vernetzung an. Hierzu führt sie seit November 2003 in größeren deutschen Städten (Berlin, Frankfurt/Main, Stuttgart, Leipzig) sog. Thelema-Konvents durch. Auf der Internetseite der TS heißt es dazu: »Ein Thelema-Konvent ist eine Veranstaltung, die etwa zweimal im Jahr in verschiedenen großen Städten Deutschlands stattfindet und als Anlaufstelle ... für Thelemiten, Freunde und Interessierte dient. Für jeweils ein Wochenende werden Workshops, Vorträge, Rituale und andere Veranstaltungen konzipiert ... natürlich neben der Möglichkeit, sich im lockeren Gespräch auszutauschen.« Eng verbunden mit der TS ist auch die Zeitschrift *AHA – Magazin des Neuen Äons.* Doch wie es scheint, haben die von der TS entwickelten neuen Formen lediglich virtuell-kosmetischen Charakter. Außenstehende bzw. okkult-magische Sinnsucher mögen das von der TS medial inszenierte Bild für bare Realität halten. Dabei übersehen sie das im »Kult des Sterns und der Schlange« enthaltene konfliktträchtige Potenzial, das in der thelemitisch propagierten Selbstvergottung des Menschen nach wie vor steckt.

→ *Okkultismus*
→ *Satanismus*

Theosophie / Theosophische Bewegung, eine universalreligiöse esoterische Bewegung, die untrennbar mit den Ideen der Deutschrussin *Helena Petrowna* → *Blavatsky* (1831-1891) verknüpft ist. Von Anfang an zerfiel die Theosophische Bewegung infolge von Abspaltungen und Fortbildungen in zahlreiche Richtungen und Schulen, z. B. Alice Bailey-Bewegung und I AM-Bewegung. 1875 gründete *Blavatsky* mit *Henry Steel Olcott* (1832-1907) in New York die Theosophische Gesellschaft, in deren Konzept

Elemente des → *Spiritismus* im 19. Jahrhundert mit Ideen des Hinduismus und Buddhismus miteinander verschmolzen wurden. Internationaler Hauptsitz der Theosophischen Gesellschaft ist seit 1882 Adyar bei Madras in Indien. Im Unterschied zu einer christlichen Theosophie (*Jakob Böhme* u. a.) vertritt die anglo-indische Richtung einen Religionssynkretismus (= Religionsvermischung): Auf der Suche nach der Ur-Weisheit der Menschheit meint man in den verschiedenen östlichen und westlichen Religionen fündig zu werden und aus ihnen eine Art esoterische Essenz herausfiltern zu können. Leitend dabei ist der Gedanke, dass es eine Ur-Religion gegeben habe, deren Kern in allen späteren religiösen Traditionen zu finden sei. Diese Theosophie, was wörtlich »Weisheit von Gott« bzw. »Gottesweisheit« bedeutet, wird auch als theosophischer → *Okkultismus* bezeichnet. Sie versteht darunter eine »Weisheit, wie sie Götter besitzen«. Unter Göttern werden demnach Menschen verstanden, wenn sie sich einmal zu vollkommenen göttlichen Wesen entwickelt haben. *Blavatsky* entfaltete in ihrem 1888 publizierten Werk *Die Geheimlehre* ein siebengliedriges pseudohinduistisches Menschenbild, das im Blick auf Karma- und Reinkarnationsvorstellung in weiten Teilen der modernen → *Esoterik* prägend gewirkt hat. Die Theosophische Bewegung kann als wichtige Triebfeder für das Entstehen zahlreicher neureligiöser Bewegungen, aber auch als wichtiger Impulsgeber für das Menschen- und Weltverständnis moderner Esoterik betrachtet werden. Beeinflusst von der anglo-indischen Theosophie war auch *Rudolf* → *Steiner*, der 1902 in Berlin zum ersten Generalsekretär der deutschen Sektion der Theosophischen Gesellschaft gewählt worden war. 1912/13 schied er

wegen interner Differenzen aus und gründete die Anthroposophische Gesellschaft.
→ *Anthroposophie*
→ *Reinkarnation*
→ *Universale Kirche*

Toi, Toi, Toi, → *Aberglaube*

Transzendentale Meditation (TM), Meditationsmethode, die einerseits stark ihren indischen Wurzeln verpflichtet ist, andererseits aber immer wieder damit wirbt, eine wissenschaftliche Methode mit nachprüfbaren Ergebnissen zu sein. In der Werbung verspricht die TM vieles, wonach sich Menschen in der Leitungsgesellschaft sehnen: »Entspannung pur – mehr Lebensqualität«, verbesserte Gesundheit (z. B. weniger Herz-Kreislauf-Erkrankungen, weniger neurologische Befunde usw.), zunehmende Lebensfreude, Abbau von Ängsten und bessere zwischenmenschliche Beziehungen. Um diese Ziele zu erreichen, erhält der Meditierende von einem TM-Lehrer ein sog. Mantra (= ein geheimes Wort oder eine Silbe), das meditierend wiederholt wird. Dieses Mantra darf nicht weitergegeben oder weitergesagt werden. Die TM verspricht, dass diese Meditation zur Bewusstseinserweiterung führt und der Meditierende somit einen Zustand »absoluter Ruhe« oder »reinen Seins« findet. In diesem Zustand sollen auch einige Naturgesetze (z. B. die Schwerkraft) aufgehoben sein; mit anderen Worten: Es wird unterstellt, der TM-Meditierende könnte den Alterungsprozess aufhalten oder fliegen.
Die TM verspricht jedoch nicht nur dem Einzelnen seelisches und körperliches Wohlbefinden, sondern auch für

zwischenmenschliches und zwischenstaatliches Handeln und die Fragen nach Krieg, Frieden und Abrüstung glaubt man Antworten geben zu können. So wird unterstellt, dass z. B. die Kriminalität in einer Region zurückgeht, wenn mindestens 1% der Einwohner die TM-Meditation praktiziert. Man kann sagen, die TM verheißt »ein goldenes Zeitalter«. Zur Verfolgung politischer Ziele haben TM-Anhänger 1992 die → *Naturgesetz-Partei* gegründet.

Die tatsächliche Wirkung der TM-Meditation ist umstritten. Anhänger erzählen von Entspannung, Wohlgefühl und anderen positiven Effekten. Kritiker berichten davon, dass immer wieder Personen durch die TM in psychische Probleme geraten sind. Problematisch sind allemal die anmaßenden Versprechen und die pseudowissenschaftliche Darstellung der Angebote.

Twelve Tribes, → *Zwölf Stämme*

U

Ufo-Bewegung, Sammelbezeichnung für weltanschaulich-religiöse Richtungen und Bewegungen, die sich seit 1947 auf die Sichtung von UFOs (= Unidentified Flying Objects) bzw. auf den seit 1952 einsetzenden direkten Kontakt auserwählter Personen (= Kontaktlern) mit UFO-Besatzungen beziehen. Das Spektrum heutiger Ufologie umfasst einzelne Vertreter einer »fantastischen Wissenschaft« (z.B. *Erich van Däniken*), UFO-Forscher- und Studienkreise sowie mehr oder weniger fest organisierte Gruppen, deren religiöse Lehre und Praxis sich – angereichert mit theosophisch-esoterischen Elementen – aus dem meist auf telepathischem Wege vermittelten Über-Wissen der Extraterrestrischen speist. Für weltweites Aufsehen sorgt seit Ende der 1990er-Jahre die → *Rael-Bewegung*, eine nach eigenem Verständnis atheistische Religion, die im Klonen von Menschen den Weg zur Unsterblichkeit erblickt.

Unitarier, → *Deutsche Unitarier Religionsgemeinschaft*

Unity, unter dem verkürzten Namen Unity findet man zwei Bewegungen, die miteinander nichts zu tun haben und genau unterschieden werden sollten. Es handelt sich um Unity of Man und Silent Unity. Unity of Man ist eine Gurubewegung, deren Ursprünge in Indien liegen. Der spirituelle Meister *Kirpal Sing* (1894-1974) wird hier als »allmächtige Kraft« verehrt. Unity of Man lädt zu vielfältigen Veranstaltungen ein.

Silent Unity ist dagegen im Kontext (christlicher) Heilungsbewegungen zu sehen. Die Society of Silent Unity entstand 1892 in den USA als eine Art Gebetszentrale, an die sich jeder mit seinen Anliegen wenden konnte. Silent Unity ist keine Kirche oder Religionsgemeinschaft – man könnte es vielmehr als religiös begründete Lebenshilfe beschreiben. Im weiteren Sinne wird dafür die Bezeichnung »positives Denken« verwendet. Typisch für Silent Unity ist beispielsweise: »Es gibt nichts ... vor dem ich mich fürchten müsste. Nichts und niemand kann mich feindselig oder ärgerlich stimmen, denn ich bin ein sichtbarer Ausdruck mächtiger, strahlender Liebe.« Inzwischen haben auch viele esoterische und nichtchristliche Vorstellungen Eingang in Silent Unity gefunden. Auch wenn man der positiven bzw. optimistischen Grundeinstellung von Silent Unity etwas abgewinnen kann, so muss dennoch festgehalten werden: Mit einem biblischen Christentum ist das Menschen- und Gottesbild dieser Bewegung nicht vereinbar. In den deutschsprachigen Ländern gibt es einige Studiengruppen und Kontaktadressen. Die Zeitschrift *Ja* ist Silent Unity zuzurechnen. Der Einfluss der Bewegung ist heute jedoch gering, zumal manche Themen in alternativen Heilungsvorstellungen neu aufgegriffen bzw. in anderer Verpackung angeboten werden.

Universale Kirche (= Die Bruderschaft der Menschheit), eine radikale theosophisch-esoterische Gruppe, die in der Schweiz und in Deutschland durch antisemitische Äußerungen aufgefallen ist. Neuerdings treten die Anhänger auch unter der Selbstbezeichnung Die neue Franziskanische Weltmissionsbestrebung der Universalen Kirche auf. In der Öffentlichkeit wird u. a. zu Grundkursen für Höheres Geistiges Lernen (sog. Primary Lessons) eingeladen, in denen die esoterischen Lehren entfaltet werden. Nachdrücklich setzt sich die Universale Kirche gegen Strahlungen von Mikrowellen und Mobilfunkantennen ein. Stellenweise werden zur Begründung auch antisemitische → *Verschwörungstheorien* angeführt, wonach der Siegeszug des Mobilfunks ein Werk der »Weisen von Zion« sei. Sie sieht sich u. a. als legitime Nachfolgerin der Theosophischen Gesellschaft (→ *Theosophie*). Ihre Hauptaufgabe – so die Selbstdarstellung im Internet – sei, »die Essenz und die Zusammenfassung von allen geistigen, spirituellen und religiösen Bestrebungen« zu bilden. Die Universale Kirche wurde 1981 von dem Engländer *Peter William Leach-Lewis* in den USA begründet. Zuvor war er Mitglied in einer theosophisch-esoterischen Ortsgruppe, der Brücke zur Freiheit. Hier avancierte *Lewis* zum wichtigen → *Channeling*-Medium für die »Aufgestiegenen Meister«. 1981 kam es zur Trennung, da diese – so die Auffassung – eine Organisation nicht über längere Zeit hinweg spirituell begleiten und fördern würden. *Lewis* sieht sich als Wiedergeburt Jakobus, des Herrenbruders Jesu. Daneben ist er als Orakal das zentrale Channeling-Medium der Universalen Kirche. Zugleich schmückt er sich mit kirchlichen Titeln (»Patriarch«, »Erzbischof«). Vorsichtige Schätzungen gehen von einigen hundert Anhängern im deutschen Sprachraum aus, weltweit dürften es etwa 1 000 sein. Als deutsche Kontaktadresse wird eine Postfachadresse im württembergischen Herrenberg angegeben. 1993 gründete *Leach-Lewis* Das Weltfundament für Natur-Wissenschaft – eine Einrichtung, die Seminare und Kongresse für Wissenschaftler organisiert, die angeblich in der herkömmlichen seriösen Wissenschaft kein Gehör finden würden. Der Hauptsitz dieser Organisation befindet sich in Washington DC, die europäische Zentrale in Bern.

Universelles Leben (UL), eine weit verzweigte Organisation, in deren Mittelpunkt die »Prophetin« *Gabriele Wittek* steht. Sie meint, Stimmen aus anderen Welten hören zu können. (→ *Offenbarungen, neue*) Von ihren Anhängern wird sie als Sprachrohr Gottes, mitunter sogar als »das größte Gottesinstrument nach Jesus von Nazareth«

bezeichnet. Inzwischen hat sie zahlreiche Bücher, Hörkassetten usw. veröffentlicht, auf denen die so entstandenen Mitteilungen verbreitet werden. Der Anspruch der Botschaften ist gewaltig: Man geht davon aus, dass Christus durch diese neuen Offenbarungen spricht und frühere Offenbarungen berichtigt und vertieft. Folglich wird vom UL auch der Anspruch erhoben, das wichtigste Buch der Christenheit, die Bibel, berichtigen zu können. Zur Lehre des UL gehört ein an die Vorstellung von → *Reinkarnation* und Karma angelehntes Entsprechungsdenken von Ursache und Wirken, das jeglichen Zufall ausschließt. Zentral ist der Gedanke einer göttlichen »Buchhaltung«, in der alles menschliche Handeln minutiös aufgezeichnet wird, um – in einem späteren Leben – präzise vergolten zu werden. Damit sind Krankheiten, Schicksalsschläge, Naturkatastrophen, aber auch Glücksfälle ausnahmslos das Resultat von früherem Verhalten. Um dieser Verkettung aus Ursache und Wirkung entgegen zu arbeiten, empfiehlt das UL eine »Umprogrammierung der Gehirnzellen« im Sinne einer »Reinigung von allen Prägungen dieser Welt«. Mit anderen Worten: Um möglichst bald in die ursprüngliche Einheit mit Gott zurückzukehren, sollte der Mensch seine individuelle Persönlichkeit aufgeben – und die Lehre *Gabriele Witteks* verinnerlichen. Dazu bietet das UL Kurse an: Über einen siebenstufigen »Inneren Weg« soll das Bewusstsein geläutert und der Mensch vom »Gesetz von Ursache und Wirkung« befreit werden. Dazu gehört auch vegetarische Ernährung sowie der Verzicht auf persönliche Bindungen und materielles Vermögen. Das UL hat in Deutschland etwa 4 000 bis 5 000 Anhänger. Ein nennenswerter Zuwachs ist in jüngster Zeit jedoch nicht mehr zu beobachten.

Deshalb hat das UL seine Werbestrategie geändert. Inzwischen nutzt man aktuelle und mehrheitsfähige Themen, um Menschen anzusprechen, die dann behutsam an die eigene Ideologie herangeführt werden. Dem dienen Tierschutzaktionen wie die Initiative zur → *Abschaffung der Jagd* oder die Zeitschriften → *Freiheit für Tiere* und → *Vegetarisch genießen*. Oftmals zeichnen sich diese Publikationen durch aggressive Kirchenkritik aus. Der Kritik an den Kirchen dient auch die Initiative → *Mahnmal für die Millionen Opfer der Kirche*, ebenfalls eine dem UL nahe stehende Organisation. Auch die vermeintliche Bürgerbewegung Mehr Geld für den Bürger steht dem UL nahe.
Inzwischen sind zahlreiche Tierschutzorganisationen auf Distanz zum UL gegangen. Das in der Tierschutzszene einflussreiche Magazin *Voice* veröffentlichte im Oktober 2002 gar einen Bericht, um zu zeigen, dass das UL inzwischen zur Belastung für die Szene der Tierschützer wird.

Unser Königreichsdienst, internes Informationsblatt der → *Zeugen Jehovas*. Dient der Organisation der Zusammenkünfte und des Missionsdienstes. Wird nicht an Außenstehende abgegeben. Mitunter finden sich Ausgaben im Internet.

Unsere Familie, wichtigste Zeitschrift der → *Neuapostolischen Kirche*, die zweimal monatlich erscheint. Die traditionsreiche Zeitschrift erscheint seit über 60 Jahren. Die deutschsprachige Auflage liegt derzeit bei etwa 86 000 Exemplaren. Zudem gibt es auch (monatliche bzw. zweimonatliche) Auflagen in Englisch, Französisch, Niederländisch, Spanisch, Portugiesisch und Indonesisch. In weiteren zwanzig Sprachen gibt es Teilauflagen.

Uriella, → *Fiat Lux*

V

Vegetarisch genießen, vierteiljährlich erscheinende Zeitschrift, die dem → *Universellen Leben* nahe steht. Der Untertitel lautet: *Gesund werden, gesund bleiben.* Die Zeitschrift hat den Charakter eines Lifestyle-Magazins und bietet zahlreiche Rezepte für die vegane bzw. vegetarische Küche. Dabei wird jedoch unverkennbar für die Ideologie des Universellen Leben und dessen eigenwillige Sicht der genannten Themen transportiert.

Verein zur Förderung des ganzheitlich heilenden Menschen, → *Thakar Sing*

Vereinigung Apostolischer Gemeinden, ein Dachverband von teilweise kleinen Gemeinden und Vereinigungen, die sich von der → *Neuapostolischen Kirche* getrennt haben bzw. von dieser ausgeschlossen wurden. Meist gründeten die Konflikte in der Botschaft des damaligen Oberhauptes (= Stammapostel) der Neuapostolischen Kirche, wonach Jesu Wiederkunft in den Jahren nach 1951 unmittelbar bevorstehe. Diese sog. Botschaft führte, zumal als ihr Irrtum offensichtlich wurde, zur Entstehung zahlreicher Splittergruppen. Die in der Vereinigung Apostolischer Gemeinden zusammengefassten Gemeinden berufen sich auf die katholisch-apostolischen Wurzeln (→ *Katholisch-Apostolische Gemeinden*), sind ökumenisch aufgeschlossen und kennen zwar ein Apostelamt, aber kein Amt des Stammapostels (→ *Apostolische Gemeinschaft*).

Vereinigungsbewegung, 1954 von dem Koreaner *San Myung Moon* (andere Schreibweise: *San Myung Mun*) ins Leben gerufene Bewegung, die immer wieder ihren Namen und ihren Charakter verändert hat. Deshalb wird das Gesamtsystem auch als Moon-Bewegung (bzw. Mun-Bewegung) bezeichnet. Ursprünglich handelte es sich um eine kleine, zutiefst politische (antikommunistische) Initiative. Nach dem Ende der Ost-West Konfrontation, an dem die Vereinigungsbewegung einen wichtigen Anteil zu haben meint, trat die sog. Familienföderation für den Weltfrieden mit den Themen Familie und Frieden zwischen den Religionen in den Vordergrund. Trotz aller Veränderungen blieb der weltanschauliche Ansatz von *San Myung Moon* erhalten: Für *Moon* bedarf die Schöpfung einer »Wiederherstellung«, weil durch den Sündenfall der Mensch eine Verbindung mit Satan eingegangen ist. Mit anderen Worten: Satanisches Blut ist in die Menschheit gelangt und es bedarf einer neuen »Blutlinie«. Diese wurde 1960 begründet, als *Moon* heiratete. Diese Ehe wird in den Rang einer »Hochzeit des Lamms« erhoben; *Moon* und seine Gattin gelten als die »wahren Eltern«. *Moon* gilt also als neuer Messias – seine Gattin ist inzwischen in den Stand eines Mit-Messias erhoben worden. Aus der Sicht der Vereinigungsbewegung hat Jesus Christus sein Erlösungswerk nicht vollständig zu

Ende geführt und bedarf der Ergänzung durch *Moon*, der »heiligen Hochzeit« und der »idealen Familie«. Damit wird deutlich, dass die Vereinigungsbewegung zentrale christliche Glaubensvorstellungen, wonach Gott in Jesus Christus Mensch wurde, um alle, die an ihn glauben, zu erlösen und ihnen als der Auferstandene das ewige Leben zu bringen, bezweifelt. Nach christlichem Verständnis bedarf Jesu Heilstat keiner Ergänzung oder Vollendung – so kann *San Myung Moon* niemals ein Messias sein. Damit ist die Vereinigungsbewegung auch keine Kirche, selbst wenn sie gelegentlich als Vereinigungskirche bezeichnet wird. In deutlichem Widerspruch zur christlichen Tradition steht auch, dass *Moons* Reden in der Vereinigungsbewegung als neue → *Offenbarungen* angesehen werden. Die Vereinigungsbewegung erhebt den Anspruch, alle (anderen) Religionen überbieten bzw. aufheben zu können.
Viele Jahre war die Vereinigungsbewegung wegen ihrer hohen Konfliktträchtigkeit und ihrem autoritären Charakter berüchtigt. Seit Mitte der 1990er-Jahre bemüht man sich um einen Imagewechsel. Inwieweit dieser zu durchgreifenden Korrekturen führt, ist noch nicht abzusehen. Für Irritationen sorgt immer wieder, dass die Bewegung unter zahlreichen Namen auftritt, die Außenstehende nur schwer zuordnen können. Das gilt beispielsweise für die Frauenföderation für den Weltfrieden, die Familienföderation für den Weltfrieden und CAUSA (Hochschul- und Studentenorganisation). Immer wieder macht auch ein (interreligiöser und internationaler) Friedensrat auf sich aufmerksam. Ein gewisses Medienecho rufen die Massenhochzeiten hervor, bei denen einige tausend Paare miteinander verheiratet werden – oftmals über die Gren-

zen von Kulturen und Völkern hinweg und ohne sich vorher kennen gelernt zu haben. Innerhalb der Vereinigungsbewegung kommt dieser Zeremonie eine zentrale Heilsbedeutung zu. Seit vielen Jahren besteht in Deutschland für *San Myung Moon* ein Einreiseverbot. Die Bewegung hat in Deutschland nur wenige hundert Mitglieder. Weltweit sollen es etwa 2 Millionen sein; kritische Beobachter rechnen mit lediglich 150 000 bis 200 000 Mitgliedern.

Vereinte Kirche Gottes, eine jener Gruppen, die entstanden sind, als sich die → *Weltweite Kirche Gottes* Mitte der 1990er-Jahre reformiert hat. In der Vereinten Kirche Gottes haben sich jene versammelt, die die Kurskorrekturen nicht mittragen wollten und weiterhin an den Lehren *Armstrongs* (z.B. Ablehnung der Trinität, Betonung alttestamentlicher Feste usw.) festhalten. Man gibt seit 1997 die Zweimonatszeitschrift *Gute Nachrichten* heraus. Die Zentrale für Deutschland ist in Bonn. Weltweit firmiert die Bewegung unter dem Namen United Church of God.

Verschwörungstheorien, in der Geschichte immer wiederkehrende Versuche, hinter bestimmten historischen Ereignissen heimliche Drahtzieher am Werk zu sehen. Damit verbunden ist der Anspruch, die wahren Hintergründe und Zusammenhänge zu durchschauen, die der Normalbevölkerung bewusst vorenthalten würden, sei es durch Täuschung oder durch gezielte Desinformationskampagnen. Oft werden diese Mythen mit einer Sündenbock-Theorie verknüpft. Verschwörungstheorien können besser als Verschwörungsmythen bezeichnet werden. Sie sind, wie es der Kieler Historiker *Rudolf Jaworski* ausdrückt, »immer bewusst verbreitete Darstellungen, dass es eine böse Kraft oder mehrere Kräfte in der Geschichte gibt, die seit Jahrzehnten, Jahrhunderten oder gar Jahrtausenden bestrebt sind, sich die ganze Welt einzuverleiben, sie zu erobern und zu versklaven.« Diese Theorien lassen sich lange zurückverfolgen. Immer ging es darum, Aggressionen gegen bestimmte Gruppen zu schüren, ob Juden oder Freimaurer. Sie waren die Hauptzielscheibe solcher säkularer, mit politischen Mythen durchsetzter Verschwörungstheorien. Die Verbreitung von Verschwörungsmythen sind Reaktionen auf Zeiten gesellschaftlicher Verunsicherung, Ängste und Orientierungsprobleme. Vor allem verheißen sie dem Einzelnen einfache Antworten auf komplizierte politische Sachverhalte. Derjenige, der die angeblich wahren Zusammenhänge und Hintergründe durchschaut, avanciert zum selbst ernannten Experten. In einer Verschwörungstheorie gibt es, ähnlich wie in einem individuellen Verfolgungswahn, letztlich keine Zufälle mehr: Alles hat einen geheimen (esoterischen) Sinn, und dieser ist wiederum ausschließlich auf das eigene Ich – bzw. auf die Wir-Gruppe – bezogen. Somit können Verschwörungstheorien als »in Regie genommene Ängste innerhalb einer Gesellschaft oder einer bestimmten Bezugsgruppe« betrachtet werden. Im Gegensatz zum individuellen Verfolgungswahn ist die Verschwörungstheorie von Anfang an immer auf Plausibilität, Vermittlung und Kommunikation angewiesen, will sie denn erfolgreich und rezipierbar sein. In sie sind schon immer potenzielle oder tatsächliche Mitwisser und Gesinnungsgenossen eingebunden: »Verschwörungstheorien wollen Vorhandenes,

aber Geheimgehaltenes ans Tageslicht befördern und richten. Verschwörungstheoretiker treten insofern als Anwälte einer hinter's Licht geführten Öffentlichkeit auf. Sie versprechen, die fraglichen Verschwörer bzw. die ganzen Verschwörerkoalitionen, die verdeckt ihre eigennützigen Machtinteressen verfolgen und sich damit der öffentlichen Kontrolle entziehen, vor aller Welt bloßzustellen. Sie entzünden sich vorzugsweise an Personengruppen und an Vereinigungen, von deren Innenleben die Allgemeinheit – einschließlich die Verschwörungstheoretiker – keine genauen Vorstellungen besitzt: Minderheiten wie die Juden, Orden wie die Templer und Jesuiten, Geheimbünde wie die Freimaurer, Kaderparteien wie die Kommunisten und Geheimdienste wie der KGB und die CIA geben aufgrund undurchsichtiger Organisationsformen, unverständlicher Rituale und Symbole Anlass zu den wildesten Spekulationen.« (*Rudolf Jaworski*)
Religiös motivierte Verschwörungstheorien lassen sich bei Neuoffenbarungsgruppen beobachten. In der Zeitschrift *Der reinste Urquell* des Ordens → *Fiat Lux* findet sich etwa die Vorstellung, dass die Endzeit angeblich »von der dunklen Macht mit den arglistigen Tricks hinausgeschoben« werde, »damit noch viele von jenen, die bereits zum geretteten Drittel der Auserwählten zählen, wieder in seine ausgeworfenen Fangnetze geraten«. Im Vatikan, so heißt es in einer angeblich göttlichen Offenbarung, werde heute »von Freimaurern, Marxisten und zahlreichen Antichristen regiert, sodass dadurch viel unterschlagen, gefälscht, verstümmelt und zum Verschwinden gebracht wird.« Solche Verschwörungstheorien verbinden sich hier mit aggressiver Kirchenkritik. Diese unheilvolle Allianz zeigt sich u. a. auch bei der umstrittenen Glau-

bensgemeinschaft → *Universelles Leben.* Unter öffentlichem Druck wurden solche Aussagen offiziell relativiert bzw. korrigiert. Aber auch in der → *Esoterik-Szene* bzw. an ihren Rändern lassen sich immer wieder Verschwörungsmythen finden. Zum Teil berufen sich die Autoren bzw. Übermittler auf höhere Erkenntnisse, Eingebungen höherer Geistwesen (z.B. → *Ramtha),* oder sie berichten von der (Wieder-)Entdeckung uralter Weisheiten bzw. unterdrückter Wahrheiten. Die dabei entfalteten okkulten Weltbilder, die nicht bewiesen sind, fordern vielfach die kritiklose Akzeptanz als höhere Tatsache ein. Dies lässt sich besonders an der Interpretation des 11. September in der Esoterik-Szene beobachten. Hier begegnet der Anspruch, esoterische Einblicke in tiefere Gesetzmäßigkeiten zu liefern. Im *Magazin 2000plus,* das sich mit »ungeklärten Phänomenen, Zukunftstechnologien und Kosmologie« beschäftigt, heißt es auf einem Titelblatt: »11.9.2001 D-Day – Gibt es Verheimlichungen?« Wer sind die wahren Drahtzieher?« Für manche Verschwörungstheoretiker ist klar: Bin Laden kann nicht der eigentliche Urheber sein. Man sucht nach tieferen Ursachen. »Viele Dinge deuten darauf hin, dass gewisse Kreise in Amerika eingeweiht sein müssen«, behauptet etwa der Ufo- und Esoterikanhänger *Jo* → *Conrad* auf seiner Homepage. Im Fall des 1967 im bayerischen Dinkelsbühl geborenen *Jan Udo Holey* alias *Jan van* → *Helsing,* der das zweibändige Werk *Geheimgesellschaften* Anfang der 1990er-Jahre publiziert und darin antisemitisches Gedankengut mit Esoterik und Verschwörungstheorien geschickt miteinander vermischt hatte, führte dies 1998 zu einer Verurteilung wegen Volksverhetzung. Seine beiden Bücher wurden beschlagnahmt. *Holey* geht von der Theorie einer jüdischen Weltverschwörung durch die sog. Illuminati aus. Dabei soll es sich um eine jüdisch-freimaurerische Elite handeln, die im Hintergrund agierend faktisch die gesamte Weltwirtschaft kontrollieren würde. Als Beweis beruft sich *Holey* auf die antisemitische Fälschung, die sog. *Protokolle der Weisen von Zion*. Hier kommt es zu einer Verknüpfung von neurechter Mythologie und Esoterik. Der Glaube an die Wiedergeburt relativiert alle Verbrechen des Nationalsozialismus. *Holeys* Denken rechtfertigt letztlich alles Böse als Gegenseite des Guten. Die beiden Bände über die »Geheimgesellschaften« können – wenngleich in »gereinigter Form« – auch im Internet eingesehen und auf den heimischen Computer heruntergeladen werden. Die Verbreitung von Verschwörungsmythen scheint im Zeitalter von Computer und Internet besonders rasant zu verlaufen. Hier liegen Wahrheit und Täuschung ohnehin nur einen Maus-Klick voneinander entfernt!

→ *Offenbarungen, neue*

Vissarion, eigentl. *Sergej Torop*, früherer russischer Polizist, erhebt seit Mai 1990 den Anspruch, er sei der wiedergekommene Jesus Christus. *Vissarion*, von seinen Anhängern als Meister des Lichts verehrt, lebt mit etwa 5 000 überwiegend russischen Anhängern unter einfachsten Verhältnissen in Sibirien. Hier hat er auch die Kirche des letzten Testaments gegründet.

Voodoo, auch Voudun oder Vodú, ursprünglich aus der Sprache der Ewe-Fon, eines westafrikanischen Volksstammes in Benin, stammender Begriff, der mit »Gottheit« oder »Geist« übersetzt werden kann. Damit wird herkömmlich die afroamerikanische Religion bezeichnet, die in Haiti beheimatet ist. Elemente dieser Religion haben schwarze Sklaven seit dem 16. Jahrhundert in die Karibik mitgebracht, wo sich Voodoo und Katholizismus gegenseitig durchdrangen. Einflüsse dieser Religion wurden im öffentlichen Leben von den französischen Kolonialherren und der katholischen Kirche stark bekämpft. Voodoo existierte zunächst als Geheimkult. Auf Haiti hängen dem Voodoo, neben dem Christentum, rund 75 % der Bevölkerung an. Charakteristika dieser Religionsform sind kultische Tänze und die Vorstellung der Besessenheit eines Menschen von Geistern. Weltweit geht man von einer Zahl von rund 50 Millionen Voodoo-Anhängern aus. Im Zusammenhang der → *Esoterik*- und → *Okkultismus*-Welle wird Voodoo hierzulande zum Inbegriff schwarzmagischer Handlungen oder zum bloßen Synonym für bösen Zauber. Im Zuge einer zunehmenden Technisierung von Religion und einem neuen Interesse an → *Magie* zur Erfüllung individueller Wünsche wird Voodoo seines ursprünglichen religiösen Gewandes entledigt. Teilweise zu Unterhaltungszwecken werden innerhalb des Esoterik-Marktes auch Voodoo-Puppen angeboten, um anderen unliebsamen Menschen Schaden zuzufügen oder den Wunschpartner mithilfe von skurrilen Liebeszauberritualen magisch herbeizuzwingen. Von der Wirkung sind zumindest die Anbieter überzeugt. In einer esoterischen Offerte im Internet heißt es gar: »Voodoo ist eine der geheimsten, exotischsten und wirkungsvollsten Magie-Formen der ganzen Welt«. Damit vollzieht sich die Voodoo-Rezeption in der gegenwärtigen Religionskultur zwischen säkularer Wunscherfüllung, → *Magie* und → *Aberglauben*.

W

Wachtturm, zweimal im Monat erscheinende Zeitschrift der → *Zeugen Jehovas.* Der vollständige Titel lautet: *Der Wachtturm verkündigt Jehovas Königreich.* Die Zeitschrift verbindet Informationen mit religiöser Unterweisung und dient dem Zusammenhalt der weltweiten Organisation. Der *Wachtturm* ist das Verlautbarungsorgan der Wachtturmgesellschaft (Zeugen Jehovas) und als solcher auch Gradmesser für Lehrkorrekturen und neue Tendenzen. Der *Wachtturm* erscheint in 148 Sprachen. Die weltweite Auflage liegt bei etwa 25 Millionen Exemplaren. Damit dürfte der *Wachtturm* eine der auflagenstärksten religiösen Zeitschriften der Welt sein.

Wachtturmgesellschaft, → *Zeugen Jehovas*

Wahres Leben in Gott, → *Ryden, Vassula*

Waldorfschulen, Schulen in freier Trägerschaft, deren pädagogisches Konzept auf *Rudolf* → *Steiner* bzw. auf die → *Anthroposophie* zurückgeht. Die erste Waldorfschule wurde 1919 von *Emil Molt* in Stuttgart gegründet. *Molt* war damals Direktor der Waldorf-Astoria Zigarettenfabrik; so erklärt sich auch der Name der Schulen. Die pädagogische Leitung der ersten Schule lag in den Händen von *Steiner.* 1938 wurden die Waldorfschulen verboten, nach 1945 fand die Idee auch weltweit zunehmend Verbreitung. Heute gibt es in Deutschland etwa 180 Schulen, weltweit etwa weitere 650. In Deutschland besuchen etwa 72 000 Schüler eine Waldorfschule.

Die Pädagogik der Waldorfschulen unterscheidet sich in vielfältiger Hinsicht von der anderer Schulen. Es gibt keine Zensuren und kein »Sitzenbleiben«. Bei den Unterrichtsfächern wird zwischen »Erkenntnisfähigkeiten« und »Erlebniskräften« unterschieden. Zu den ersten gehören Fächer wie Mathematik und die Naturwissenschaften, zu letzteren künstlerische Fächer wie Musik. Ferner werden »Willen schulende« Tätigkeiten in Fächern wie Handwerk, Gartenbau usw. unterrichtet. Ein besonderes Augenmerk liegt auf künstlerischen und naturverbundenen Tätigkeiten: So erlernt jedes Kind ein Musikinstrument und im Laufe der Schulzeit wird mindestens einmal ein Brot gebacken – möglichst aus Getreide, das im schuleigenen Ökogarten gewonnen wurde. Die Waldorfschulen kennen des Prinzip des Epochenunterrichts: d. h. einige Fächer werden innerhalb bestimmter Epochen intensiv unterrichtet, dann jedoch vorübergehend aus dem Unterrichtsprogramm genommen.

Die Waldorfschulen genießen einen guten Ruf. Daran haben Taschenbücher einen wesentlichen Anteil, die mit Titeln wie *Erziehung zur Freiheit* oder *Angstfrei lernen – Selbstbewusst handeln* eine breite Öffentlichkeit erreicht haben. Es ist jedoch zu fragen, ob das helle Licht der Waldorfschulen umso klarer strahlt, wenn die öffentlichen Schulen in die Kritik geraten. Denn es gibt durchaus berechtigte Anfragen an die Waldorfschulen. So wird von Kritikern bemängelt, dass anthroposophische Elemente einen viel größeren Raum einnehmen, als das von Außenstehenden oftmals gesehen wird: So bildet *Rudolf Steiners* okkultes Menschenbild den Hintergrund für die Pädagogik – übrigens ein Hintergrund, der nicht hinterfragt werden kann. Kritikwürdig sind auch bestimmte Aspekte des Geschichtsunterrichts, bei dem die Menschheit in unterschiedliche Rassen eingeteilt werden – denen dann Eigenschaften zugeschrieben werden. So wird bei einer Rasse gar ein »starkes Triebleben« vermutet, eine andere soll sich durch »Denkleben« auszeichnen.

Seltsam mutet auch an, dass Waldorfschüler nicht Fußball spielen dürfen, weil dieses Spiel »die körperliche, seelische und geistige Entwicklung des Kindes« angeblich beschädigt. Verglichen mit öffentlichen Schulen kann man sagen, dass diese Schüler oftmals über bessere Rechtschreib- und Fremdsprachenkenntnisse verfügen, die Waldorfschüler jedoch deutlich lernmotivierter sind.

Bevor man sein Kind auf eine Waldorfschule schickt, sollte man sich diese genau ansehen. Erfahrungsgemäß sind Waldorfschulen eher in den unteren Klassenstufen eine Alternative; je älter die Schüler sind, umso konfliktreicher kann der Besuch werden. Die Waldorfschulen erwarten von den Eltern ein hohes Maß an Engagement und Mitarbeit. Da es sich um Privatschulen handelt, ist der Besuch kostenpflichtig.

Walsch, Neale Donald, → *Gespräche mit Gott*

Wankmiller, Wolfgang, geb. 1957, »Stammesoberhaupt« des 1974 von ihm begründeten → *Stammes der Likatier* mit Sitz in Füssen/Allgäu. Sein »Stammesname 1. Grades« lautet *Heramed Wolfgang Rudolf von Markworth-Walter zu Füssen.* Nach einer wechselvollen Karriere in verschiedenen Parteien (CSU, Bayernpartei) in der bayerischen Kommunalpolitik in den Jahren von 1977 bis

1990, wandte sich *Wankmiller* verstärkt spirituellen Themen zu und war seither ausschließlich mit der inhaltlichen und wirtschaftlichen Ausformung seiner Gruppe befasst. 1994 knüpfte er vielfältige Kontakte zu anderen Gemeinschaften (u. a. → *ZEGG* und Heilungsbiotop Tamera) und baute die interne Stammesstruktur nach innen weiter aus. Infolge der kritischen Berichterstattung in den Medien ist die rund 160 Anhänger zählende Gruppe um *Wankmiller*, der sich nunmehr ausschließlich um die Belange seines Stammes kümmert, deutschlandweit bekannt geworden.

Weg und Ziel, Wochenzeitung der → *Johannischen Kirche.* Erscheint in der sog. Friedensstadt unweit von Trebbin (Brandenburg).

Der Weg zum Glücklichsein, eine Broschüre, die in der Öffentlichkeitsarbeit der → *Scientology-Organisation* weltweit eingesetzt wird. In der Werbung heißt es, es handle sich hierbei »um den ersten, nur auf dem gesunden Menschenverstand beruhenden (...) Moralkodex«.

Weißenberg, Joseph, → *Johannische Kirche*

Weleda-Nachrichten, vierteljährlich erscheinende Hauszeitschrift der Weleda AG, einer weltweiten Unternehmensgruppe, die Arzneimittel, Diätetika und Körperpflegemittel herstellt, die einem Menschen- und Naturverständnis entsprechen, das auf den Erkenntnissen der → *Anthroposophie* beruht.

Weltfundament für Natur-Wissenschaft, → *Universale Kirche*

Weltweite Kirche Gottes (WKG), eine kleine Gemeinschaft, die in den letzten Jahren eine ungewöhnliche Entwicklung erlebt hat. Gegründet 1933 von *Herbert W. Armstrong* (1892-1986) vertrat die WKG viele Jahre zahlreiche Sonderlehren. So wurde von den Mitgliedern die Einhaltung alttestamentlicher Vorschriften (z.B. das Sabbatgebot) erwartet, christliche Feste wie Weihnachten oder Ostern wurden abgelehnt, die Trinitätslehre wurde verworfen usw. Nach dem Tod des Gründers fand ein erstes Umdenken statt, das Mitte der 1990er-Jahre zu einer radikalen Positionskorrektur geführt hat. Zunehmend bemüht sich die WKG um biblisch begründete Positionen. Inzwischen gehört die WKG in den USA der National Association of Evangelicals an, dem größten Dachverband der amerikanischen Evangelikalen. Die Kurskorrekturen haben jedoch dazu geführt, dass sich zahlreiche Gruppen abgespalten haben. Man kann sagen, dass die ursprüngliche WKG im Zuge der Veränderungen etwa die Hälfte ihrer Mitglieder verloren hat. Weltweit gibt es etwa 70 000 Mitglieder, in Deutschland etwa 400.
Die Zeitschrift der WKG hieß viele Jahre → *Klar und Wahr*, seit 1998 heißt die Zeitschrift → *Nachfolge.* Inzwischen ist die Gemeinschaft auch Mitglied in der Arbeitsgemeinschaft Christlicher Kirchen (ACK) in der Region Bonn.

Wicca-Bewegung, → *Hexen, neue*

Wir Kinder, Monatszeitschrift der → *Neuapostolischen Kirche*, die sich an Kinder im Grundschulalter wendet und damit das Angebot der Zeitschrift → *Unsere Familie* ergänzt. Erscheint seit April 1998. Derzeit gibt es Auflagen in Deutsch, Englisch, Französisch, Portugiesisch, Russisch und Niederländisch. Die internationale Gesamtauflage liegt bei 18 000 Exemplaren.

WISE, eigentl. World Institute of Scientology Enterprises, Wirtschaftsverband der → *Scientology-Organisation*, der vielfach im Management-Training, in der Immobilien- oder in der Informationstechnologie-Branche tätig ist. Hierbei werden Scientology-Kurse angeboten, die als solche kaum zu erkennen sind. Ziel von WISE ist es, die Ideen der Scientology in die Gesellschaft und vor allem in die Wirtschaft zu tragen.

Wittek, Gabriele, → *Universelles Leben*

World Institute of Scientology Enterprises, → *WISE*

World Wide Pizza Service, internationale Missionsgesellschaft der → *Jesus-Freaks*

Z

Zentrum für experimentelle Gesellschaftsgestaltung (ZEGG), gegründet 1991 in 14806 Belzig bei Berlin. Hier leben etwa 80 Erwachsene und Kinder zusammen. Wie der Name sagt, ist das ZEGG keine religiöse Gemeinschaft, sondern ein Ort, an dem alternatives Leben versucht wird. Das ZEGG veranstaltet Tagungen und Workshops zu Fragen der Ökologie, Gewaltfreiheit, Kunst und Kapitalismuskritik; aber auch zu Fragen von alternativer Religion (→ *Psychoszene*), Spiritualität und → *Esoterik.* In den hauseigenen Programmen wird das ZEGG als »politisches Projekt« beschrieben, das das Ziel verfolgt, eine »gewaltfreie Kultur der Solidarität und der Kooperation mit allem Lebendigen zu entwickeln«. In der Außenwahrnehmung ist das ZEGG umstritten. Die Bewertungen reichen von »harmloser Öko-Kommune« bis zu »Sex-Sekte«. Eine Schwierigkeit besteht in der Frage, wie weit man die ideologischen Wurzeln des ZEGG zurückverfolgen möchte. Einige Kritiker verweisen darauf, dass zu den Wurzeln auch der höchst problematische Friedrichshof um *Otto Muehl* (Aktionsanalytische Organisation), und die sog. Bauhütte gehören. Diese Bewegungen verband die Vorstellung, dass der Mensch nur dann wirklich frei sein kann, wenn er seine Sexualität auch frei von gesellschaftlichen Normen und Zwängen auslebt. Es liegt auf der Hand, dass solche Positionen, zumal im Umgang mit Kindern, zu heftigen Konflikten führen. *Muehl* wurde Anfang der 1990er-Jahre wegen sexuellen Missbrauchs von Kindern zu sieben Jahren Gefängnis verurteilt.

Man kann das heutige ZEGG jedoch nicht allein auf diese Wurzeln festlegen, zumal man sich im ZEGG entschieden von solchen Extrempositionen distanziert. Auf der Homepage des ZEGG heißt es beispielsweise, dass das ZEGG gerade keine Nachfolgeorganisation von *Otto Muehl* sein will und man »die Gedanken von freier Sexualität und freier Liebe in völlig anderer Richtung« weiterentwickelt habe. Dennoch finden sich manche Idealisierungen und Überhöhungen der freien Sexualität auch in den frühen Publikationen des ZEGG. Man war von der Idee fasziniert, die (zahlreichen) Probleme des menschlichen Lebens auf den Aspekt der Sexualität reduzieren zu können. Das jedoch ist der Komplexität vieler Fragen nicht angemessen. In den letzten Jahren hat sich die Arbeit des ZEGG deutlich verschoben: Das Interesse gilt alternativen Friedensprojekten und Fragen der Ökologie und Spiritualität. Man wird dem heutigen ZEGG also nicht mehr gerecht, wenn man es auf das Thema Sexualität reduziert. Dennoch sind auch kritische Hinweise notwendig. So irritiert der gewaltige, mitunter sogar »wissenschaftliche« Anspruch des ZEGG, wenn beispielsweise Tagungen als Sommeruniversität bezeichnet werden. Befremdlich wirkt auch, dass Jugendliche in Portugal von »wissenden Erwachsenen« in die Sexualität eingeführt werden, um sie so vor »zu schneller Bindung an persönliche Liebesbeziehungen« zu schützen.
In Tamera (Portugal) befindet sich seit Mitte der 1990er-Jahre ein von *Sabine Lichtenfels* und *Dieter Duhm* gegründetes »Heilungsbiotop«. Hier leben etwa 85 Personen. In Belzig wird vierteljährlich ein ZEGG-Rundbrief herausgegeben. Auch die Zeitschrift *Die weibliche Stimme* steht dem ZEGG nahe.

Zentrum für individuelles und effektives Lernen (ZIEL), ein Zweig der → *Scientology-Organisation*, mit dem versucht wird, die Ideologie der Scientology in schulische Projekte einzubringen.

ZEGG, → *Zentrum für experimentelle Gesellschaftsgestaltung*

Zeugen Jehovas, stark endzeitlich geprägte Religionsgemeinschaft, die – mit wenigen Ausnahmen – weltweit tätig ist. Die Wurzeln gehen auf *Charles Taze Russell* (1852-1916) zurück. Er gründete 1879 eine Zeitschrift, deren zentrales Thema die Verheißung war, dass 1914 das Königreich Gottes auf der Erde in Gestalt eines großen Friedensreiches beginnen werde. *Russell* wollte überkonfessionell wirken und keine Sekte gründen. Nachdem das Jahr 1914 ohne die erwarteten Ereignisse vergangen war, wandten sich Tausende ab. *Russell* starb ebenfalls desillusioniert 1916. Ein Jahr später wurde *Joseph Franklin Rutherford* (1869-1942) *Russells* Nachfolger. Er machte die Bewegung zu dem, wofür die Zeugen Jehovas heute bekannt sind: Er beseitigte die demokratischen Elemente und zwängte die nur lose verbundenen Versammlungen in eine straff geführte Organisation. So wurden die gewählten Ältesten durch eingesetzte Versammlungsleiter ersetzt und es entstand ein Netz gegenseitiger Kontrolle.

Das Weltzentrum der Organisation, die sog. Wachtturm Bibel- und Traktatgesellschaft, ist im New Yorker Stadtteil Brooklyn beheimatet. Sie versteht sich seit den 1920er-Jahren als »Offenbarungs- und Verbindungskanal Jehovas«. Ihren Anweisungen und Bibelinterpretationen ist genau zu folgen. Kritiker sprechen davon, dass die Zeu-

gen Jehovas unter *Rutherford* zu einer »Propagandamaschine« wurden.
Nach seinem Tod 1942 wurde *Nathan Homer Knorr* (1905-1977) Präsident der Wachtturmgesellschaft (WTG). Er war der große Organisator, unter dessen Leitung die Gesellschaft weltweit ein rapides Wachstum erlangte. Allein in den Jahren 1939 bis 1948 verfünffachte sich die Zahl der aktiven Zeugen Jehovas auf 230 532. Sie waren damit in fast 100 Ländern aktiv. 1971/72 installierte *Knorr* das sog. Ältestenamt. Die Ältesten sind Funktionäre, die sich durch besonderes Engagement für die Organisation qualifiziert haben.
Die Zeugen Jehovas sind eine der missionarisch aktivsten Religionsgemeinschaften in Deutschland. Jeder Zeuge ist gehalten, wöchentlich 15 Stunden Predigtdienst zu absolvieren. Gelegentlich werden sog. Sonderfeldzüge ausgerufen. Die Zentrale für Deutschland befindet sich in 65618 Selters/Taunus. Hier werden jährlich mehr als 12 Millionen Bücher und über 100 Millionen Zeitschriften hergestellt. Ein Großteil dieser Produktion geht ins Ausland.
Im Jahre 2003 gab es weltweit etwa 6 Millionen aktive Zeugen Jehovas (sog. Verkündiger). In Deutschland ist von knapp 160 000 Verkündigern auszugehen, wobei die Zahlen in den letzten Jahren rückgängig sind. Ein nennenswertes Wachstum verzeichnet die Organisation jedoch in Lateinamerika und Osteuropa.
Die Theologie der Zeugen Jehovas ist stark fundamentalistisch: Man geht davon aus, dass die Bibel unmittelbar Gottes Wort ist, dass jede Stelle einer anderen gleichwertig ist und historisch kritische Exegese nicht nötig sei. Daraus folgt beispielsweise die Ablehnung von Geburtstagsfeiern, weil in der Bibel keine Geburtstage gefeiert

werden. Ein zentrales Thema in der Verkündigung der Zeugen war wiederholt die Verheißung, dass man ein konkretes Datum für das Ende der Welt (= Harmagedon) wisse. Genannt wurden z.B. 1914, 1925, 1975 usw. In jüngster Zeit verzichtet man auf Berechnungen und hält lediglich daran fest, dass das Ende der Welt »binnen kurzem« zu erwarten ist. Umstritten sind die Zeugen Jehovas auch wegen ihrer kompromisslosen Ablehnung von Bluttransfusionen, selbst wenn damit das Leben des Patienten riskiert wird.

Problematisch ist auch die Schärfe, mit der in den Publikationen der Zeugen Jehovas oftmals alle anderen Kirchen und Weltreligionen als »falsche Religionen« attackiert werden. Immer wieder wird in diesem Zusammenhang unterstellt, die Religionen hätten einen destruktiven Einfluss auf die Gesellschaft und würden zahlreiche Konflikte hervorrufen.

Ein hohes Ansehen haben einzelne Zeugen Jehovas im 20. Jahrhundert erworben, als sie sich kompromisslos dem Nationalsozialismus und dem DDR-Sozialismus entzogen haben. Vielen Zeugen Jehovas und ihren Familien hat diese Haltung Leid, Verfolgung, Haft und mitunter sogar die Todesstrafe eingebracht. Es ist umstritten, ob man diese politische Haltung als Widerstand bezeichnen kann; moralisch beachtlich ist sie auf jeden Fall. In den letzten Jahren benutzt die Wachtturmgesellschaft dieses Thema verstärkt zu PR-Zwecken. Man will damit von kritischen Berichten ablenken und stattdessen heroische Einzelschicksale herausstellen.

Im deutschen Sprachraum findet man vereinzelt noch die Bezeichnung Bibelforscher; das war bis 1931 der Name für die Bewegung.

Die beiden wichtigsten Publikationsorgane sind die weltweit verbreiteten Zeitschriften → *Wachtturm* und → *Erwachet!* Die Zeugen Jehovas haben vergleichsweise viele Aussteiger hervorgebracht, die im Internet Informationen zusammentragen. Eine der interessantesten deutschsprachigen Seiten ist www.infolink-net.de.

ZIEL, → *Zentrum für individuelles und effektives Lernen*

Zwölf Stämme, eine Gemeinschaft, die sich um ein Leben nach urchristlichem Vorbild bemüht. International nennen sie sich Messianic Communities oder The Twelve Tribes (= Die Zwölf Stämme). Mitunter wird auch der Name Jünger Jahschuas benutzt. Entstanden ist die Bewegung in den 1970er-Jahren in Tennessee (USA). Inzwischen gibt es in mehreren westeuropäischen Ländern Ableger. In Deutschland findet man im bayerischen Klosterzimmern (bei Nördlingen) eine Wohngemeinschaft mit etwa 60 bis 80 Personen. Die Zwölf Stämme zeichnen sich durch einen hohen Exklusivitätsanspruch aus. Aus der Perspektive dieser Gemeinschaft sind alle Kirchen vom wahren Glauben abgefallen. Folglich erwartet man von den Anhängern der Zwölf Stämme eine radikale Umorientierung ihres religiösen Lebens. Im Alltag orientiert man sich stark an jüdischen Traditionen: So tragen die Männer lange Haare und Vollbärte, die Kinder bekommen hebräische Namen und man feiert den Sabbat. Auch zur Gesellschaft gehen die Zwölf Stämme auf Distanz: So wird immer wieder versucht, die Kinder der Schulpflicht zu entziehen, da der Schule ein negativer Einfluss auf die Kinder unterstellt wird. Die zuständigen Gerichte reagierten bisher unterschiedlich: Meist wurde unter Androhung von Buß- und Zwangsgeldern auf der Einhaltung der Schulpflicht beharrt, weil diese auch das Recht der Kinder auf Bildung einschließt. Weltweit dürfte die Bewegung ca. 2000 Mitglieder haben.

Literatur, Internet, Beratung

Bücher

Hans Gasper/Joachim Müller/Friederike Valentin (Hg.), Lexikon der Sekten, Sondergruppen und Weltanschauungen. Herder-Spektrum 5528, Freiburg im Breisgau – Basel – Wien ⁷2001, 618 Seiten, 19,90 Euro
Ein Lexikon mit zahlreichen Übersichtsartikeln zu Sekten, Sondergruppen und weltanschaulichen Themen.

Reinhard Hempelmann/Ulrich Dehn/Andreas Fincke/Michael Nüchtern/Matthias Pöhlmann/Hans-Jürgen Ruppert/Michael Utsch (Hg.), Panorama der neuen Religiosität. Sinnsuche und Heilsversprechen zu Beginn des 21. Jahrhunderts, Gütersloh 2001, 672 Seiten, 24,95 Euro
Das Standardwerk der EZW informiert über die Veränderungsprozesse in der gegenwärtigen Religionskultur und entwickelt Perspektiven zur kritischen Auseinandersetzung. Ausgewählte Themen des Buches: Religion im Film und in der Popmusik, Östliche Religiosität im Westen, Esoterik, Psychoszene, charismatische Bewegungen, klassische "Sekten".

Helmut Obst, Apostel und Propheten der Neuzeit. Gründer christlicher Religionsgemeinschaften des 19. und 20. Jahrhunderts, Göttingen ⁴2000, 627 Seiten, 29,90 Euro
Ein Überblick über religiöse Sondergemeinschaften, die im 19. und 20. Jahrhundert entstanden sind. Darin werden Leben, Lehre und Selbstverständnis der Gründerinnen und Gründer von 16 Religionsgemeinschaften anschaulich dargestellt, mit zahlreichen Quellentexten und Abbildungen.

Horst Reller/Hans Krech/Matthias Kleiminger (Hg.), Handbuch Religiöse Gemeinschaften und Weltanschauungen. Freikirchen, Sondergemeinschaften, Sekten, Synkretistische Neureligionen und Bewegungen, Esoterische und neugnostische Weltanschauungen und Bewegungen, Missionierende Religionen des Ostens, Neureligionen, Kommerzielle Anbieter von Lebensbewältigungshilfe und Psycho-Organisationen, Gütersloh ⁵2000, 1112 Seiten, 88,00 Euro
Ein Nachschlagewerk zur Beurteilung einzelner Bewegungen und Gruppen aus evangelisch-lutherischer Sicht. Mit Ratschlägen für die kirchliche Praxis. Das Werk ist auch auf CD-ROM erhältlich.

Georg Schmid/Georg Otto Schmid (Hg.), Kirchen, Sekten, Religionen. Religiöse Gemeinschaften, weltanschauliche Gruppierungen und Psycho-Organisationen im deutschen Sprachraum. Ein Handbuch, Zürich 2003, 528 Seiten, 36,00 Euro
Lexikalisches Handbuch zu einzelnen Gruppen und Strömungen. Am Ende der kurz gehaltenen Artikel findet sich die jeweilige Kontakt- und – falls vorhanden – auch die Internetadresse.

ZEITSCHRIFT: Materialdienst der EZW – Zeitschrift für Religions- und Weltanschauungsfragen, 2004 im 67. Jahrgang
Die Zeitschrift bietet monatliche Informationen, Berichte und Hintergrundartikel zum gesamten Themenfeld. Preis für 12 Ausgaben im Jahr: 30,00 Euro, EKD Verlag Hannover. Bezugsmöglichkeit und Probeexemplare über www.ezw-berlin.de.

Hilfreiche Internet-Adressen

www.ezw-berlin.de
Internetangebot der Evangelischen Zentralstelle für Weltanschauungsfragen (EZW) in Berlin; Informationen zu aktuellen Gruppen und weltanschaulichen Entwicklungen, auch zum Download; ein besonderes Angebot: monatlicher Newsletter per e-Mail mit Informationen über aktuelle Entwicklungen im Bereich weltanschaulicher und religiöser Bewegungen sowie Hinweise auf Tagungen und neue Veröffentlichungen.

www.relinfo.ch
Ein sehr empfehlenswertes Internetangebot der Evangelischen Informationsstelle »Kirchen – Sekten – Religionen« in der Schweiz mit vielen Informationen über einzelne Gruppen und Bewegungen.

www.confessio.de
Homepage des Weltanschauungs- und Sektenbeauftragten der Evangelisch-Lutherischen Kirche in Sachsen, Dr. Harald Lamprecht. Hier gibt es Informationen zu einzelnen Gruppen, aber auch Materialien für Schule und Unterricht zum Download.

www.gemeindedienst.de/weltanschauung
Homepage der Weltanschauungsbeauftragten der Evangelischen Kirche in Württemberg. Hier findet man Stellungnahmen, Texte und weitere

Materialien zu Sekten, Gurus und anderen Gruppierungen. Außerdem wird die Möglichkeit gegeben, diese Dokumente auf den heimischen Rechner zu laden.

www.agpf.de
Zahlreiche Informationen über »Sekten, Kulte und den Psychomarkt« der Aktion für geistige und psychische Freiheit e.V. in Bonn.

Kirchliche Adressen für Information und Beratung

Die nachfolgenden kirchlichen Dienststellen geben weitere Auskünfte und vermitteln Ihnen auch Beratungsstellen in Ihrer Nähe.

Evangelische Zentralstelle
für Weltanschauungsfragen (EZW)
Auguststraße 80
10117 Berlin
Tel. 0 30/2 83 95-211
Fax 0 30/2 83 95-212

e-Mail: info@ezw-berlin
Internet: www.ezw-berlin.de

Katholische Sozialethische
Arbeitsstelle (KSA)
Jägerallee 5
59071 Hamm
Tel. 0 23 81/98 020 00
Fax 0 23 81/98 020 99

e-Mail: info@ksa-hamm.de
Internet: www.ksa-hamm.de